Basteln für Kinder

Feryal Kanbay

Compact Verlag

Liebe Leserin, lieber Leser!

In diesem Buch finden sich viele schöne Ideen für kleine und größere Kinder. Damit du möglichst viel allein machen kannst, sind die einzelnen Bastelschritte ganz ausführlich erklärt.

Um dir die Auswahl zu erleichtern, wurden alle Anleitungen mit Schwierigkeitsgraden versehen. So lassen sich einige Basteleien ganz leicht herstelllen, während andere schwieriger sind. Bei manchen Anleitungen musst du mit der Schere oder mit Nadeln arbeiten. Wenn du im Umgang damit noch nicht so sicher bist, solltest du die Hilfe eines Erwachsenen in Anspruch nehmen.

Am Ende des Buchs findest du zahlreiche Bastelvorlagen. Diese sind meist bereits in der richtigen Größe abgebildet und müssen nur noch mit dem Kopiergerät kopiert werden. Sicherlich gibt es solch ein Gerät an deiner Schule, in der Bibliothek oder in der Arbeit deiner Eltern.

Und nun viel Spaß beim Basteln!

Bisher sind in dieser Reihe erschienen:
Reime und Gedichte für Kinder, Kinderlieder und Kinderspiele

Text: Feryal Kanbay
Chefredaktion: Dr. Angela Sendlinger
Redaktion: Anna Häring
Produktion: Wolfram Friedrich
Illustrationen: Doris Oppenauer
Titelillustration: Doris Oppenauer
Gestaltung: EKH Werbeagentur GbR
Umschlaggestaltung: EKH Werbeagentur GbR

ISBN 978-3-8174-6916-1
5469161

Besuchen Sie uns im Internet: www.compactverlag.de

Inhalt

1. Papier & Co.

2. Alles zum Kneten

3. Stoffe, Wolle & Co.

4. Holz

5. Schönes aus der Natur

6. Weihnachten

Inhalt

Papier & Co.

Papierente

leicht

Material

Tonpapier in Gelb und Hellbraun (DIN A4)

Buntstifte

Schere

Alleskleber

Und so gehts:
Falte das gelbe Tonpapier quer. Kopiere dann die Vorlage auf Seite 136 und schneide sie aus.

Lege die Entenvorlage auf das gefaltete Papier und zeichne sie nach. Kopf, Rücken und Schwanzspitze müssen dabei genau an der Falzkante liegen. Schneide die übereinanderliegenden Teile gleichzeitig aus. Achte darauf, dass die Teile, die an der Falzkante liegen, nicht voneinander getrennt werden.

Nimm nun deine Stifte und male den Schnabel beidseitig orange an. Ist deine Ente ein Männchen? Dann sollte der Kopf grün werden. Und vergiss die Augen nicht!

Hast du die Ente bemalt, sind die Flügel an der Reihe. Übertrage die Flügelvorlage (Seite 136) zweimal auf das hellbraune Papier und schneide sie aus. Klebe die Flügel auf die Ente. Und schon kannst du sie aufstellen!

Auf diese Weise kannst du übrigens noch viele andere Tiere basteln – zum Beispiel für einen Bauernhof. Du benötigst nur die passenden Bilder aus einem Tierbuch als Vorlage!

Tipp:
Unter deiner Ente kannst du sogar etwas verstecken, zum Beispiel ein kleines Gastgeschenk beim nächsten Kinderfest.

Papierrose

mittel

Material

Weißes Schreibpapier
Zirkel
Schere
Tonpapier in verschiedenen Farben
Goldpapier

Und so gehts:
Zeichne mit einem Zirkel oder einer Untertasse einen Kreis auf das Papier und schneide ihn aus. Falte ihn einmal zur Hälfte und anschließend noch einmal zum Viertel. Die Kanten streichst du mit dem Daumennagel glatt.

Jetzt kannst du deiner Fantasie freien Lauf lassen. Schneide an den Rändern entlang größere oder kleinere Dreiecke, Halbkreise, Zacken oder Wellen sauber heraus.

Falte nun das Papier vorsichtig auseinander. Du wirst von dem tollen Muster überrascht sein.

Übrigens: Wenn du das Papier zu einem Achtel faltest, wird das Muster noch reichhaltiger und feiner. Das Einschneiden wird allerdings etwas schwieriger, weil das Papier dicker ist. Deshalb musst du mit der Schere vorsichtiger umgehen!

Tipp:
Klebst du hinter deine fertige Papierrose buntes Transparentpapier, entsteht ein leuchtendes Fensterbild. Du kannst deine Rose aber auch auf Goldpapier oder buntem Tonpapier befestigen und ausschneiden – schon hast du einen schönen Untersetzer für ein Trinkglas.

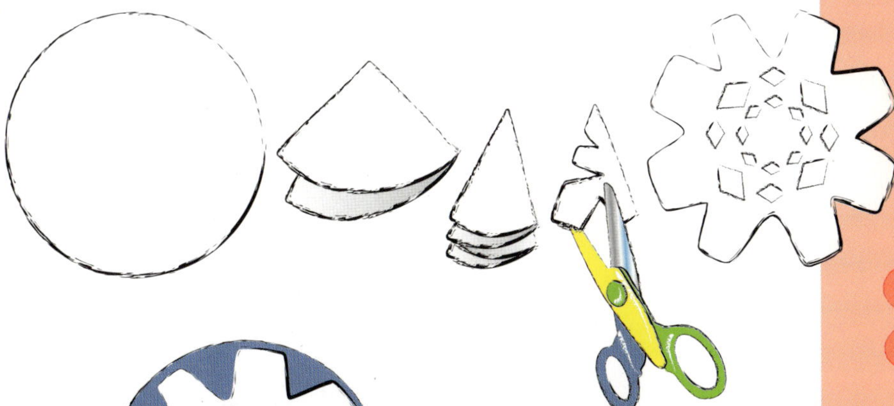

3-D-Blume

schwer

Material

Tonpapier in Dunkelgrün, Hellgrün, Rot, Gelb und Hellblau
Bleistift
Schwarzer Filzstift
Schere
Klebeband
Alleskleber

Und so gehts:
Kopiere die Vorlagen auf Seite 136, schneide sie aus und lege sie auf das entsprechende Tonpapier. Zeichne so mit dem Bleistift drei Blätter auf dunkelgrünes Tonpapier, sechs Blütenblätter auf rotes Tonpapier und einen Stängel auf hellgrünes Tonpapier.

Umwickle die Spitze deiner Schere mit Klebeband. Ziehe damit vorsichtig die Mittellinie der Blätter, Blütenblätter und des Stängels nach. Achte darauf, dass du nicht in den Karton ritzt! Schneide alle Teile aus und knicke sie an der Mittellinie.

Schneide für die Blütenmitte einen Kreis aus gelbem Tonpapier aus. An einer Stelle schneidest du ihn vom Rand zur Mitte ein. Bestreiche eine der Schnittkanten mit Klebstoff und schiebe sie ein wenig unter die andere Schnittkante. So entsteht ein flaches Hütchen.

Nimm für den Hintergrund das hellblaue Tonpapier. Lege den Stängel so darauf, dass er wie ein Zelt nur mit den Außenrändern aufliegt. An seinem oberen Ende bringst du die Blütenmitte ebenso an. Verteile in der gleichen Weise die roten Blütenblätter um den gelben Kreis und lege die grünen Blätter an den Stängel.

Bestreiche nun die Ränder der einzelnen Teile mit Klebstoff. Drücke sie jedoch nur leicht auf das Papier, damit sie dreidimensional aussehen. Auf diese Weise kannst du auch bunte Blumensträuße oder Blumenwiesen basteln.

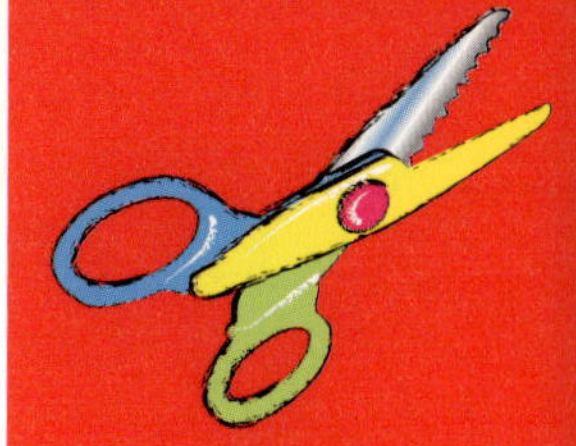

Fruchtmobile

Und so gehts:
Kopiere die Vorlagen für den Ast und die Früchte (Seite 136) und schneide sie aus. Lege den Apfel auf den roten Tonkarton, die Birne und die Banane auf den gelben und die Weintrauben auf den violetten. Übertrage jede Frucht zweimal und schneide sie aus.

Die Stiele der Früchte zeichnest du jeweils nur einmal auf den braunen, die Blätter auf den grünen Karton. Den Ast überträgst du zweimal (einmal spiegelverkehrt) auf die braune Wellpappe und schneidest ihn aus.

Klebe die beiden Astteile an der glatten Seite zusammen, sodass die gewellten Seiten jeweils nach außen schauen.

Nun sind die Früchte an der Reihe: Nimm die beiden Äpfel. Befestige auf der Rückseite einer Frucht mit Klebstoff einen Stiel und daran ein Blatt. Klebe das Gegenstück so auf den Apfel, dass sich der Stiel dazwischen befindet. So bastelst du alle Früchte. Die Banane versiehst du mit einer braunen Mittellinie. Die einzelnen Weintrauben kannst du mit einem schwarzen Filzstift nachzeichnen.

Ziehe mit einer Nadel je einen langen Faden durch die obere Hälfte einer Frucht und dann unten durch den Ast. Verknote die Enden. Achte darauf, dass die Fäden unterschiedlich lang sind. So hängen bald alle Früchte am Ast. Bitte einen Erwachsenen, das Mobile für dich aufzuhängen.

leicht

Material

Braune Wellpappe
Tonkarton in Gelb, Rot, Violett, Braun und Grün
Faden
Dicke Nähnadel
Bleistift
Brauner Buntstift
Schwarzer Filzstift
Schere
Alleskleber

mittel

Material

Tonpapier in verschiedenen Farben

4 Glasperlen (8–9 mm Durchmesser)

Nylonfaden (70 cm)

Filzstifte

Buntstifte

Schere

Klebeband

Bunte Fensterkette

Und so gehts:
Kopiere die Vorlagen für den Marienkäfer, den Schmetterling und die Blume (Seite 137). Schneide sie aus, lege sie auf das Tonpapier und übertrage sie mit einem Bleistift.

Schneide alle Teile aus und bemale die Motive. Lass dabei deiner Fantasie freien Lauf. So kannst du zum Beispiel dem Marienkäfer zu seinen Punkten verhelfen, die Flügel des Schmetterlings verzieren oder der Blume ein lustiges Gesicht malen.

Knote an einem Ende des Nylonfadens eine Schlaufe zum Aufhängen. Fädle dann eine Perle auf und mache einen Knoten, damit sie nicht wieder herunterrutscht. Bringe nun die Blume an dem Faden an, indem du sie auf der Rückseite mit Klebeband festklebst. Achte darauf, dass sie richtig ausgerichtet ist. Die Kette wird später der Länge nach aufgehängt.

Fädle nun wieder eine Perle auf, die du durch einen Knoten sicherst. Dann bringst du den Schmetterling mit Klebeband am Faden an. Nach einer weiteren Perle folgen der Marienkäfer und schließlich die letzte Perle samt Knoten.

Und fertig ist die bunte Fensterkette! Du kannst sie ins Fenster oder aber auch an die Wand hängen.

Blüte am Fenster

Und so gehts:
Kopiere die Blütenvorlage auf Seite 137. Schneide sie zuerst außen herum aus und dann die Innenteile. So erhältst du einen Rahmen.

Lege diesen auf den Tonkarton und zeichne die Innen- und Außenränder mit einem weißen Buntstift nach. Schneide die Blüten an den Außenrändern mit der Schere aus. Die inneren Teile trennst du mit einem Papiermesser heraus. Fertige auf die gleiche Weise noch eine zweite Blüte an.

Beklebe nun eine der Blüten mit buntem Transparentpapier. Schneide überstehende Ränder des Transparentpapiers mit einer Schere sauber ab. Willst du die Blüte nachher aufhängen, befestige einen Nylonfaden als Schlaufe mit Klebeband auf der Rückseite. Nimm nun die zweite Blüte und klebe sie auf die Seite mit dem Transparentpapier. Die Teile müssen genau übereinanderliegen.

Tipp:
Du kannst die Blüte auch ohne den Faden am Fenster befestigen: Benutze dafür einfach Klebepads.

mittel

Material
Schwarzer Tonkarton
Transparentpapier in verschiedenen Farben
Weißer Buntstift
Schere
Papierschneidemesser
Nylonfaden
Klebeband
Alleskleber

Schneckenspiel

leicht

Material

Oranger Fotokarton (50 cm x 50 cm)

Hellbraunes Tonpapier

Transparentpapier

4 Korken

Acryl- oder Plakatfarben in Rot, Grün, Blau und Gelb

Pinsel

Weicher Bleistift

Schwarzer Filzstift (fein)

Klebeband

Alleskleber

Zum Spielen: Farbenwürfel, Punktewürfel, bunte Spielfiguren

Und so gehts:
Vergrößere für das Spielbrett die Schneckenvorlage (Seite 138), sodass sie gut auf den Fotokarton passt. Lege das Transparentpapier auf die Kopie des Schneckenhauses und pause es mit einem Bleistift durch.

Wende nun das Transparentpapier und befestige es mit Klebeband auf dem Fotokarton. Ziehe die Linien mit einem Bleistift nach. So werden die Bleistiftlinien auf das Spielfeld übertragen und du weißt, wo du später drucken musst.

Für jede Spielfarbe benötigst du einen Korken. Streiche auf die Unterseite des ersten Korkens gelbe Farbe. Drücke dann das Ganze auf das äußere Ende der Schneckenspirale.

Nun bepinselst du jeweils einen Korken mit blauer, roter und grüner Farbe. Drücke auch sie der Reihe nach entlang der gewundenen Linie auf. Wiederhole das Ganze so oft, bis du das Ende der Spirale erreicht hast.

Übertrage jetzt den Körper der Schnecke (genauso wie zuvor das Haus) auf das hellbraune Tonpapier. Schneide ihn aus und male mit einem schwarzen Filzstift ein lustiges Gesicht darauf. Befestige den Schneckenkörper mit Alleskleber unter dem Schneckenhaus auf dem Spielfeld.

Warte, bis die Farbe getrocknet ist. Dann verbindest du die bunten Punkte mit einem schwarzen Filzstift. Die Bleistiftlinien kannst du vorsichtig ausradieren.

Spielanleitung: (2–4 Personen)
Zuerst muss immer die Farbe des Punkts, der gerade vor der Figur eines Spielers liegt, mit dem Farbenwürfel gewürfelt werden. Jeder Spieler hat nur einen Versuch, dann kommt der Nächste an die Reihe.

Da zum Beispiel Gelb die Farbe des ersten Punkts ist, müssen die Spieler zu Beginn des Spiels Gelb würfeln. Wem das gelingt, darf mit dem Punktewürfel würfeln. Mit ihm legt er fest, wie viele Felder seine Spielfigur vorrücken darf. Wer zuerst im Ziel angekommen ist, hat gewonnen!

Tipp:
Wenn du es eilig hast, kaufe große Klebepunkte in verschiedenen Farben und bastle dein buntes Schneckenhaus-Spielfeld daraus!

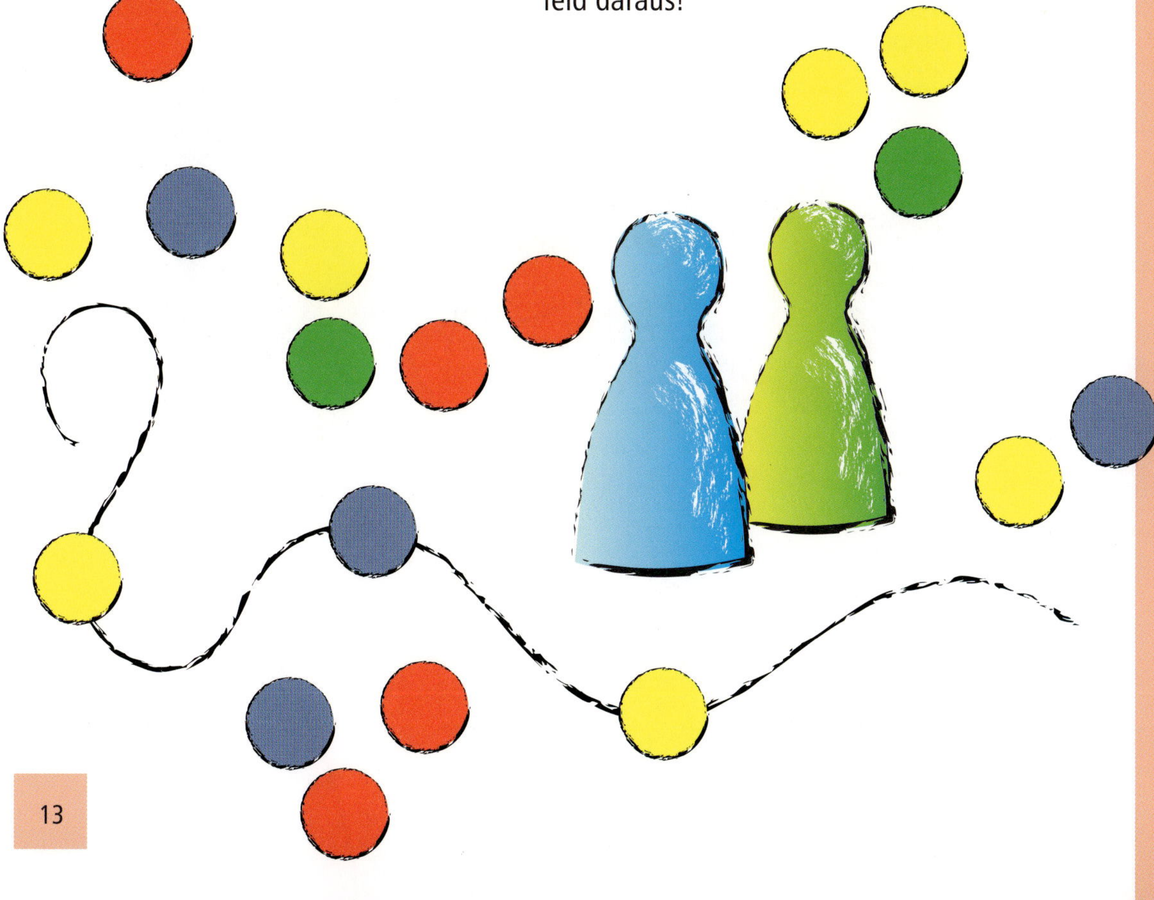

Fingerpuppen

mittel

Material
Tonpapier
Fotokarton
Wellpappe
Biegeplüsch
Holz- oder Plastikperlen (1,5 cm Durchmesser)
Woll- oder Garnreste
Filz- und Buntstifte
Schere
Alleskleber
Klebeband

Und so gehts:
Schneide zuerst für den Körper der Fingerpuppe aus farbigem Tonpapier ein Quadrat (sechs mal sechs Zentimeter) aus. Dann wickelst du das Papier um deinen Finger und klebst die Rolle mit Klebstoff oder Klebeband zusammen.

Zeichne nun die passenden Köpfe und Hüte auf den Fotokarton und schneide sie aus. Mit Filz- und Buntstiften malst du lustige Puppengesichter auf die Köpfe. Für die Haare und Bärte klebst du Woll- oder Garnreste oder auch Papierstreifen daran.

Forme aus den bunten Biegeplüschdrähten die Arme. Schneide dazu zwei neun bis zehn Zentimeter lange Stücke in der passenden Farbe ab. Bestreiche beide Enden mit Klebstoff und setze jeweils eine bunte Perle als Hand auf. Solltest du keine Perlen haben, biege die Enden einfach zu kleinen Schlaufen.

Drücke den rollenförmigen Körper oben flach zusammen und schneide ihn rechts und links etwa zwei Zentimeter ein. Stecke die Arme aus Biegeplüschdraht, die Kopfbedeckungen oder die Haare in die Einschnitte. Klebe dann die beiden Lagen zusammen. Die Köpfe werden vorn auf der flach gedrückten Rolle mit Klebstoff befestigt.

Und fertig sind deine bunten Fingerpuppen!

Tierische Lesezeichen

Und so gehts:
Kopiere die Vorlagen für die Giraffe und die Schlange (Seite 138) und schneide sie aus. Lege dann die Giraffe auf den gelben Tonkarton und zeichne die Umrisse mit dem Bleistift nach. Dann schneide das Motiv aus. Genauso verfährst du mit der Schlange. Lege die Vorlage auf den blauen Tonkarton, zeichne sie nach und schneide auch sie aus.

Schneide nun aus der Giraffenvorlage die Flecke aus und lege sie auf das hellbraune Tonpapier. Merke dir dabei aber, welcher Fleck an welcher Stelle sitzt. Zeichne die Umrisse nach und schneide alle Teile aus. Klebe dann die braunen Flecke auf den Giraffenkörper.

Die Muster der Schlange malst du mit den bunten Filzstiften selbst. Zum Schluss zeichnest du den beiden Tieren mit einem schwarzen Filzstift noch Gesichter – und fertig sind deine Lesezeichen.

Tipp:
Hast du keine Lust, die Flecke der Giraffe aus Tonpapier auszuschneiden und aufzukleben? Dann zeichne sie doch einfach nach dem Vorbild der Vorlage selbst und male sie mit hellbraunem Filzstift aus.

mittel

Material

Fotokarton in Gelb (Giraffe) und Blau (Schlange)
Hellbraunes Tonpapier
Bleistift
Bunte Filzstifte
Schwarzer Filzstift
Schere
Alleskleber

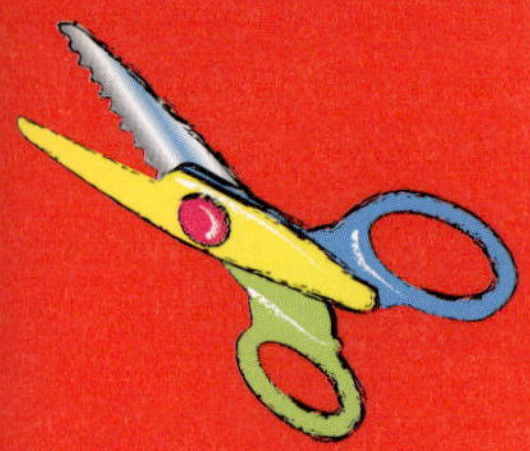

Aquarium

schwer

Material

Nicht zu großer Karton mit Deckel
Feste Pappe
Klarsichtfolie
Alufolie
Acryl- oder Plakatfarbe in Blau und in weiteren Farben
2 breite Pinsel
Schere
Papiermesser
Dünne Schnur
Alleskleber
Klebeband
Klebepunkte in verschiedenen Farben
Trockener Sand
Muscheln
Kieselsteine
Getrocknete Gräser

Und so gehts:
Der Karton wird zum Aquarium. Schneide in alle vier Seiten große Fenster, sodass an den Kanten nur noch ein Rahmen von drei bis vier Zentimetern stehen bleibt. Lass dir dabei unbedingt von einem Erwachsenen helfen. Der Boden und der Deckel bleiben unversehrt.

Male den Karton anschließend blau an und lass die Farbe trocknen. Beklebe jedes Fenster von innen mit Klarsichtfolie. Die „Fensterrahmen" dienen dir dabei als Klebefläche. Am besten beginnst du am Boden und ziehst die Folie dann bis nach oben. Die Folie muss auf jeden Fall so lang sein, wie die Seite hoch ist.

Wenn das Aquarium so weit fertig ist, kann es dekoriert werden. Streue den Sand hinein und verteile die Muscheln und Kieselsteine darauf. Die getrockneten Gräser steckst du in den Sand.

Jetzt kommen die Fische an die Reihe! Kopiere die Fischvorlagen (Seite 138), schneide sie aus und übertrage sie auf die Pappe. Dabei ist es wichtig, dass du jeden Fisch zweimal zeichnest. Schneide deine Zeichnungen aus.

Nimm zwei gleich geformte Fische und bemale sie mit einer deckenden Farbe deiner Wahl. Ist die Farbe getrocknet, nimmst du ein Stück Schnur und befestigst es mit Klebeband mittig auf einem der Fische. Klebe anschließend beide Fischteile genau aufeinander. Achte dabei darauf, dass die Schnur am Rücken heraushängt.

Reiße nun mehrere daumennagelgroße Stücke von der Alufolie ab und beklebe damit die Seiten des Fischkörpers. So bekommt dein Fisch glänzende Schuppen. Auch die Flossen kannst du so verzieren. Zum Schluss bringst du auf jeder Seite einen bunten Klebepunkt als Auge an.

An der Schnur werden die Fische mit Klebeband unter den Deckel geklebt. Setzt du ihn auf das Aquarium, sieht es aus, als schwömmen sie darin.

Tipp:
Wenn du dein Aquarium noch bunter und abwechslungsreicher gestalten möchtest, kannst du die Kieselsteine und Muscheln auch bemalen oder in Alufolie wickeln!

Papierdrachen

leicht

Material
Tonpapier
Bleistift
Lineal
Schere
Buntstifte
Schnur
Kreppapier
Alleskleber
Klebeband

Und so gehts:
Schneide aus dem Tonpapier zwei Quadrate von etwa zehn Zentimeter mal zehn Zentimeter aus.

Falte eines davon in der Diagonalen, also von einer Ecke zur anderen, sodass ein Knick entsteht. Öffne das Papier wieder und lege es so vor dich, dass der Knick von oben nach unten verläuft.

Falte nun die untere linke Kante des Quadrats nach rechts hin zur Mitte. Falte dann die untere rechte Kante nach links hin zur Mitte. Nun hat das Papier die Form eines Drachens. Verfahre mit dem zweiten Quadrat genauso.

Schneide zwei etwa 30 Zentimeter lange Schnüre zurecht. Befestige die eine an der unteren Spitze eines Drachens. Das ist der Schwanz des Drachens. Forme die andere zu einer Schlaufe und befestige sie an der oberen Spitze. Achte darauf, dass beide Schnüre auf der gefalteten Seite angeklebt werden.

Klebe nun beide Formen an der Faltseite passgenau aneinander. Dadurch wird der Drachen stabiler. Male ihm im Anschluss mit Buntstiften ein lustiges Gesicht.

Schneide fünf etwa sechs Zentimeter breite Schleifchen aus dem Krepppapier. Binde sie im Abstand von etwa fünf Zentimetern am Drachenschwanz fest.

Und schon ist dein Papierdrachen zum Aufhängen bereit!

Schale aus Pappmaschee

Und so gehts:
Rühre in einem größeren Gefäß Tapetenkleister an. Halte dich dabei an die Hinweise auf der Packung.

Schneide die Zeitung in 1,5 bis zwei Zentimeter breite Streifen. Achte darauf, dass auch weiße Streifen vom Rand der Zeitung dabei sind. Diese bepinselst du zuerst mit dem Kleister und legst sie gerade nebeneinander in die Porzellanschale. Dabei sollten sie sich ein wenig überlappen. Ist die ganze Fläche bedeckt, fährst noch einmal mit dem Kleisterpinsel darüber. Dann schneidest du die überstehenden Enden der Streifen rundherum ab.

Bringe nun in der gleichen Weise neun weitere Papierschichten auf. Ändere dabei aber immer die Richtung: Verläuft die erste Streifenschicht quer, sollte die zweite längs, die dritte wieder quer liegen und so weiter. Die letzte Schicht besteht aus Stücken von Küchen- oder Toilettenpapier.

Drehe nun das Ganze um, sodass die Porzellanschale oben ist, und beschwere sie mit einem dicken Buch. Lass die Papierschichten gut trocknen. Das kann mehrere Tage dauern.

Gut getrocknet lässt sich deine Pappschale leicht abnehmen. Jetzt kannst du sie nach Lust und Laune bemalen. Vergiss dabei die Unterseite nicht! Ist die Farbe trocken, trägst du Klarlack auf. So erhält deine Schale einen schönen Glanz und wird wasserfest.

Tipp:
Deine Schale ist durch den Klarlack zwar wasserfest, dennoch solltest du sie lieber nur mit einem feuchten Tuch abwischen.

mittel

Material
Porzellanschale
Zeitungspapier
Küchen- oder Toilettenpapier
Tapetenkleister oder Bastelleim
Schere
Bastel- oder Plakatfarben
Klarlack
Pinsel

Bunte Papierbälle

leicht

Material

Zeitungspapier
Küchen- oder Toilettenpapier
Tapetenkleister oder Bastelleim
Schere
Pinsel
Wasser- oder Plakatfarben

Und so gehts:
Rühre in einem größeren Glas den Tapetenkleister an. Halte dich dabei an die Hinweise auf der Packung. Knülle ein großes Stück Zeitungspapier zusammen. Soll dein Ball noch größer werden, drückst du noch mehr Zeitungspapier dazu, bis eine feste Kugel entstanden ist.

Reiße nun kleine Stücke Zeitungspapier ab und bepinsele sie mit Kleister. Klebe so viele davon auf die Papierkugel, bis die Oberfläche glatt ist. Zum Schluss bringst du Stücke des Küchen- oder Toilettenpapiers mit Kleister an. Lass die Kugel über Nacht trocknen.

Nun kannst du die Kugel mit Wasser- oder Plakatfarben bemalen – ganz so, wie du es schön findest. Bastle so viele Bälle, wie du möchtest – in den verschiedensten Farben und Mustern und allen Größen.

Tipp:
Aus ganz kleinen Kugeln kannst du Ketten oder Armbänder machen. Damit du sie später auffädeln kannst, wickelst du das Zeitungspapier zuerst um ein Holzstäbchen (zum Beispiel einen Schaschlikspieß). So erhalten sie ein Loch, wenn sie getrocknet sind. Male die Kugeln an und ziehe sie von dem Stab ab. Verwende auch Gold- und Silberfarbe, damit deine Kette richtig edel aussieht. Dann kannst du die Kugeln einfach auf einen Faden aufziehen. Das geht mit einer dicken, stumpfen Nadel am einfachsten.

Stempeln mit Moosgummi

Und so gehts:
Zeichne mit dem Kugelschreiber verschiedene Motive auf das Moosgummi. Das können Blumen, Tiere, Sterne, Herzen oder auch Buchstaben und Zahlen sein. Die Moosgummiformen sollten jedoch einfach sein, weil das Ausschneiden sonst schwierig wird.

Schneide die Motive möglichst in einem Zug aus. So entstehen keine unerwünschten Ecken oder krummen Linien.

Klebe die Motive oben auf die Konservendeckel. Achte bei Buchstaben und Zahlen darauf, dass du sie seitenverkehrt aufklebst. Ist der Klebstoff getrocknet, sind die Stempel einsatzbereit.

Drücke die Stempel erst auf ein Stempelkissen, dann auf das Papier. Möchtest du die Farbe eines Stempels ändern, reinige ihn am besten unter fließendem Wasser mit einer Nagelbürste. Lass ihn trocknen, bevor du ihn in eine andere Farbe tauchst.

So kannst du Karten, Geschenkpapier oder Bilder gestalten. Lass deiner Fantasie freien Lauf!

Tipp:
Trägst du auf die Stempel Stoffmalfarbe auf, kannst du auch T-Shirts oder Bettwäsche bedrucken. Damit die Stofffarbe auch lange hält, muss der bedruckte Stoff anschließend auf links etwa fünf Minuten lang heiß gebügelt werden. Warte damit, bis die Farbe ganz trocken ist und lass dir dabei von einem Erwachsenen helfen.

leicht

Material

Moosgummi (1 Bogen, etwa 3 mm Dicke)

Deckel von Konservengläsern

Kugelschreiber

Schere

Klebstoff

Stempelkissen in verschiedenen Farben

Papier oder Karten zum Bedrucken

Türschild aus Moosgummi

mittel

Material

Moosgummi (1 Bogen, etwa 5 mm Dicke)

Moosgummi (mehrere Bögen, 2–3 mm Dicke)

Kugelschreiber

Filzstifte

Klebstoff

Schere

Bildaufhänger

Und so gehts:
Zeichne auf den dicken Moosgummibogen mit Kugelschreiber die Form, die dein Türschild bekommen soll. Das kann zum Beispiel ein Kreis, ein Viereck, ein Stern, ein Herz oder eine Wolke sein. Schneide die Form aus.

Schreibe nun deinen Namen auf das Schild. Das kannst du mit Filzstiften machen oder du schneidest Buchstaben aus dem dünnen Moosgummi aus. Moosgummibuchstaben gibt es aber auch im Bastelladen zu kaufen. Klebe diese mit Klebstoff auf.

Verziere das Türschild anschließend. Schneide dazu aus dem dünnen Moosgummi kleinere Formen wie Blumen, Fantasieformen oder Tiere aus. Klebe sie auf das Schild. Ist dir das nicht genug, kannst du noch lustige Wackelaugen, bunte Steinchen, Pailletten oder Glitzer aufbringen.

Zum Schluss klebst du einen Bildaufhänger auf die Rückseite. Und fertig ist das Türschild!

Tipp:
Wenn du nicht nur deine Zimmertür verschönern willst, kannst du auch einfach große Motive aus dickerem Moosgummi ausschneiden (zum Beispiel einen Schmetterling oder Blüten). Verziere diese wie oben beschrieben. Ziehe mit einer Nadel oben einen Faden hindurch und hänge das Motiv am Fenster auf.

Alles zum Kneten

Obst und Gemüse

leicht

Material

Weiche Knetmasse

Stumpfes Messer

Klarlack

Pinsel

Und so gehts:
Aus Knetmasse kann man gut Obst und Gemüse formen, zum Beispiel Äpfel, Orangen, Tomaten oder Möhren. Die Farbe der Knetmasse hängt davon ab, was du basteln willst.

Schneide Stücke von der Knetmasse ab. Je größer das Stück ist, desto größer ist später auch deine Frucht. Forme aus den Stücken gleichmäßige Kugeln.

Fertige nun aus den Kugeln das Obst und Gemüse an. Forme zum Beispiel aus gelber Knetmasse Zitronen und Bananen oder aus roter Masse Erdbeeren und Tomaten.

Nimm braune Knetmasse zur Hand. Forme daraus kleinere Kugeln für die Stiele, die du dann flach ausrollst. Drücke sie vorsichtig oben in einen Apfel oder eine Birne. Aus grüner Knetmasse dagegen machst du kleine Blätter, die an den Stielen befestigt werden. Nimm dir am besten echte Früchte zum Vorbild.

Tipp:
Wenn du dein Obst und Gemüse schützen möchtest, bepinsele es abschließend mit Klarlack. Dann kannst du die Knetmasse aber nicht mehr wiederverwenden!

Blumen aus Knete

Und so gehts:
Forme aus der Knetmasse in jeder Farbe mehrere Kugeln, die etwa die Größe von Murmeln haben. Aus den grünen Kugeln werden später der Stiel und die Blätter geformt. Die anderen bunten Kugeln sind für die Blüten gedacht.

Drücke nun die weißen, blauen und roten Kugeln vorsichtig flach. Ziehe eine Seite lang und drücke sie flacher als den Rest. Das machst du mit allen Blütenblättern. Jede Blume bekommt sieben oder acht solcher Blätter.

Nimm eine gelbe Kugel für die Blumenmitte. Befestige drei bis vier Blütenblätter einer Farbe rund um die gelbe Knetkugel. Drücke dazu die flachere Seite vorsichtig an. Bringe dann die restlichen Blütenblätter derselben Farbe an den ersten an. So entsteht eine gefüllte Blüte.

Kürze die Holzstäbchen auf die gewünschte Länge und verkleide sie mit grüner Knetmasse. Drücke dazu die Knetmasse mit den Fingern gut an den Holzstab. Nun hast du einen Blumenstiel. Forme aus den grünen Kugeln Blätter und befestige sie an dem Stängel.

Stecke auf jeden Stiel eine fertige Blüte und bepinsele alles mit Klarlack. Dadurch glänzt die Blume und ist besser geschützt.

Tipp:
Stecke das untere Ende des Stiels in eine weitere Knetkugel. Wenn sie unten abgeflacht ist, steht die Blume ganz von allein. Oder: Fertige einen ganzen Strauß von Knetblumen an und stelle ihn in eine kleine Vase.

mittel

Material

Weiche Knetmasse in Grün, Gelb, Weiß, Blau und Rot

Holzstäbchen

Klarlack

Pinsel

Stumpfes Messer

Halskette

leicht

Material
Fimo® soft
Nylonfaden
Holzstäbchen
Klarlack
Pinsel
Stumpfes Messer
Alufolie

Und so gehts:
Rechne genau aus, wie viele Perlen du brauchen wirst. Schneide Stücke aus dem Fimo®-Block und forme daraus Kugeln. Wie groß die Kugeln werden und welche Farbe sie haben, hängt ganz von deinem Geschmack ab.

Stecke durch jede Kugel ein Holzstäbchen. Bewege es ein wenig hin und her, um das Loch etwas zu vergrößern. Dann lässt sich die Kugel später leichter abnehmen. Auf ein Holzstäbchen kannst du mehrere Perlen stecken.

Nun gehts ab in den Ofen: Lass dir dabei von einem Erwachsenen helfen. Heize den Backofen auf 130 Grad Celsius vor. Lege deine Perlen auf einem Stück Alufolie auf ein Backblech und backe sie etwa 30 Minuten. Nimm sie danach aus dem Ofen und lass sie am besten über Nacht auskühlen.

Entferne die Holzspieße am nächsten Tag und bestreiche die Perlen mit Klarlack. Lass den Lack gut trocknen.

Fädle die Perlen auf einen Nylonfaden oder eine farbige Schnur. Auf die gleiche Weise kannst du auch Armbänder basteln. Dafür solltest du allerdings ein Gummiband verwenden.

Tipp:
Verknetest du mehrere verschiedenfarbige Fimo®-Stücke miteinander, entstehen interessante Farbverläufe und du bekommst marmorierten Schmuck.

Bleistift-Schweinchen

mittel

Material

Rosarotes Fimo® soft
Zahnstocher
Klarlack
Pinsel
Stumpfes Messer
Alufolie
Bleistift

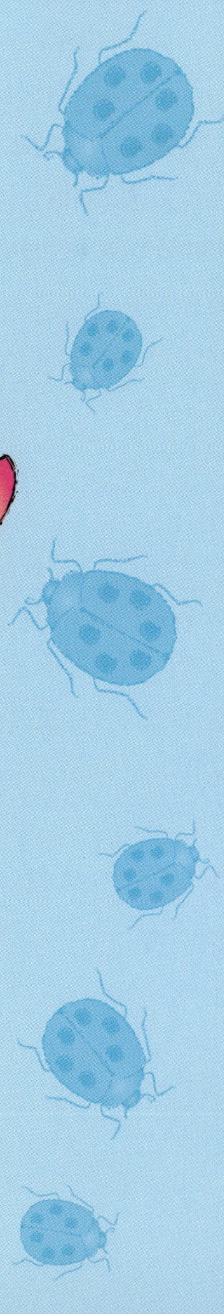

Und so gehts:
Schneide ein Stück vom Fimo®-Block ab und forme eine Kugel von etwa zwei Zentimetern Durchmesser. Drücke dann das hintere Ende eines Bleistifts etwa einen Zentimeter tief in die Kugel.

Schneide acht weitere, jedoch deutlich kleinere Stücke aus dem Fimo®-Block. Aus vier Stücken formst du kleine Kugeln. Sie stellen die Füße deines Schweins dar. Bringe sie an der großen Kugel gleichmäßig um das Bleistiftloch herum an.

Forme für den Rüssel ein weiteres Fimo®-Stück zu einer kleinen Kugel. Drücke sie flach und mache mit dem Zahnstocher zwei winzige Nasenlöcher hinein. Dann bringe sie seitlich an der großen Kugel an. Bohre über dem Rüssel mit einem Zahnstocher zwei Löcher in die große Kugel: Das sind die Augen.

Nimm für die Ohren zwei kleine Stücke Fimo®. Drücke sie flach und forme sie zu Dreiecken. Drücke sie rechts und links oberhalb der Augen fest. Das letzte Stück rollst du zu einem dünnen Wurm. Wickle ihn dann zusammen und befestige ihn als Ringelschwanz am Hinterteil des Schweinchens.

Lege das fertige Schwein auf ein Stück Alufolie und dann auf ein Backblech. Lass dir nun von einem Erwachsenen helfen: Heize den Backofen auf 130 Grad Celsius vor. Backe das Schweinchen etwa 30 Minuten lang.

Lass dein Schweinchen auskühlen und bestreiche es dann mit Klarlack. Fertig ist dein Bleistiftaufsetzer!

Tipp:
Bleiben einzelne Teile deines Schweinchens nicht am Körper haften, kannst du sie auch nach dem Backen mit Klebstoff befestigen.

Berge und Meer

schwer

Material

Fimo® soft in Hellblau, Ultramarin, Weiß, Gelb, Orange, Rot, Hellbraun, Dunkelbraun und Schwarz
Zahnstocher
Modellierstab
Klarlack
Pinsel
Stumpfes Messer
Glatte Flasche
Alufolie
Kordel zum Aufhängen

Und so gehts:
Benutze als Arbeitsfläche am besten ein altes Küchenbrett. Lege eine Lage Alufolie darüber.

Forme für den Himmel aus hellblauem Fimo® eine große Kugel. Drücke sie auf dem Handteller flach und lege das Stück auf die Arbeitsfläche. Rolle es mit einer glatten Flasche aus, bis du eine Fläche von 26 mal elf Zentimetern ausschneiden kannst. Das ultramarinblaue Fimo® für das Meer verarbeitest du genauso. Lege den Himmel und das Meer direkt aneinander auf die Alufolie und drücke sie mit dem Modellierstab fest aneinander. Das ist die Grundfläche für dein Bild.

Forme nun aus den anderen Farben Berge, Wolken, eine Sonne und ein Segelboot. Die einzelnen Teile befestigst du, indem du sie auf der Grundfläche andrückst.

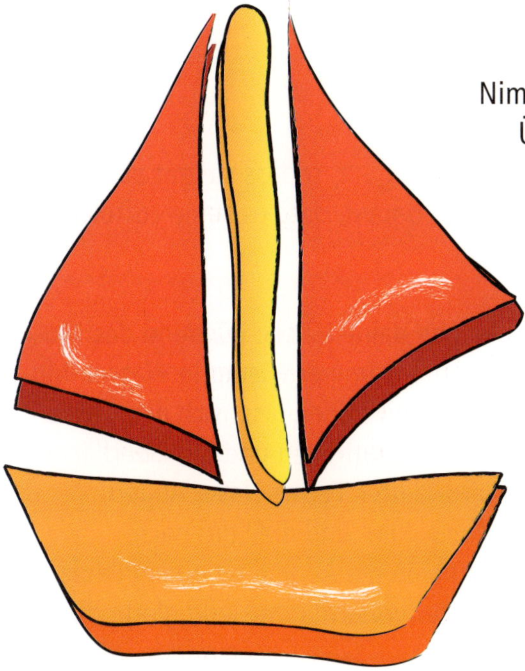

Nimm dafür einen Zahnstocher zu Hilfe. Überdecke dabei auch die Nahtstelle zwischen Himmel und Meer. Forme aus dem weißen Fimo® Wellen für das Meer und Schnee für die Berggipfel und befestige sie wie oben.

Nun gestaltest du den Rahmen: Rolle hellbraunes Fimo® zu dünnen, langen Würsten. Schneide sie in Stücke, die so lang sind wie die Seiten des Bildes. Drücke sie am Rand um das ganze Bild herum an. Rolle nun schwarzes Fimo® zu langen, dünnen Würsten. Drücke sie innen direkt neben die braune Außenumrandung.

Stich mit einem Zahnstocher zwei Löcher in die oberen Ecken unterhalb des Rahmens. Daran kannst du das Bild später aufhängen.

Lege das Bild nun mitsamt der Alufolie auf ein Backblech. Heize den Backofen auf 130 Grad Celsius vor und backe das Bild etwa 30 Minuten lang. Lass dir dabei von einem Erwachsenen helfen. Danach muss das Bild auskühlen. Das dauert einige Stunden. Am nächsten Tag kannst du es mit Klarlack bestreichen. Ziehe dann die Kordel durch die Löcher und hänge das Bild auf.

Tipp:
Sollten einzelne Teile deines Bildes nicht richtig haften, kannst du sie nach dem Backen mit Klebstoff befestigen. Willst du auf die Löcher zum Aufhängen verzichten, bringe auf der Rückseite einen Bildaufhänger an.

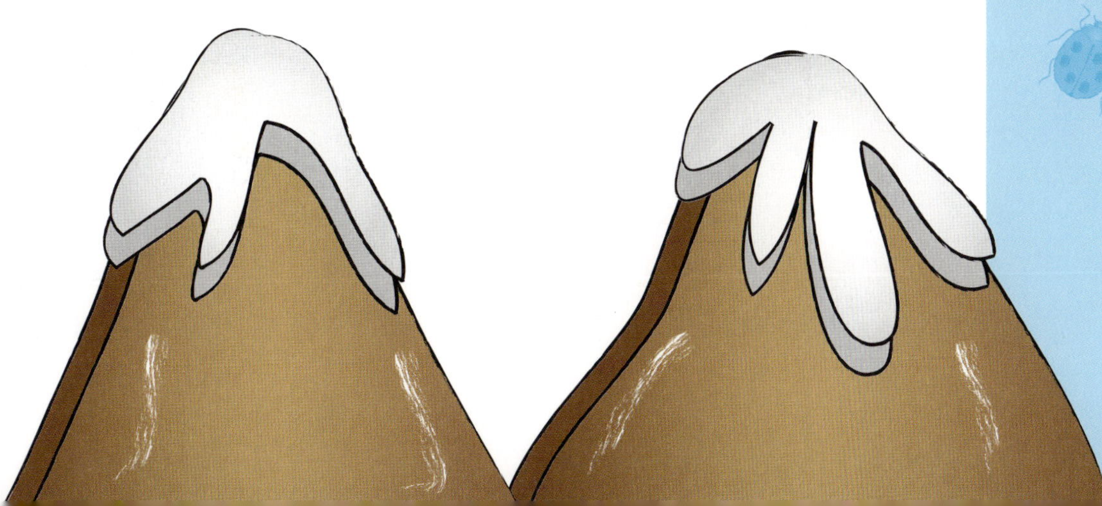

Dekomaske für die Wand

schwer

Material

Modelliermasse in Weiß (etwa 250 g, zum Beispiel Efaplast light)
Plastikmaske in Gesichtsform
Wasser
Modellierholz
Messer
Großes Brett
Handcreme
Acryl- oder Plakatfarben
Klarlack
Pinsel
Frischhaltefolie
Nudelholz
Papiermesser
Feines Schleifpapier
Bildaufhänger
Kordel

Und so gehts:
Creme die Plastikmaske zunächst gut mit Handcreme ein. Dies erleichtert später das Abnehmen der Maske.

Nimm nun die Modelliermasse aus der Verpackung und lege sie auf das Arbeitsbrett. Decke die Masse mit Frischhaltefolie ab. Rolle sie mit einem Nudelholz zu einem großen Rechteck. Die Masse darf nicht zu dünn werden, sonst reißt sie.

Lege nun die Modelliermasse vorsichtig auf die Plastikmaske. Drücke die Masse sorgfältig an, sodass sie gut aufliegt. Achte darauf, dass es keine Luftblasen gibt.

Tauche deine Hände während des Modellierens immer wieder in Wasser. Mit feuchten Händen lässt sich die Masse besser verarbeiten und die Oberfläche wird glatter. Forme Nase, Augen, Mund, Kinn und die Stirn nach. Schneide die Augen mit einem Papiermesser vorsichtig aus und glätte die Ränder.

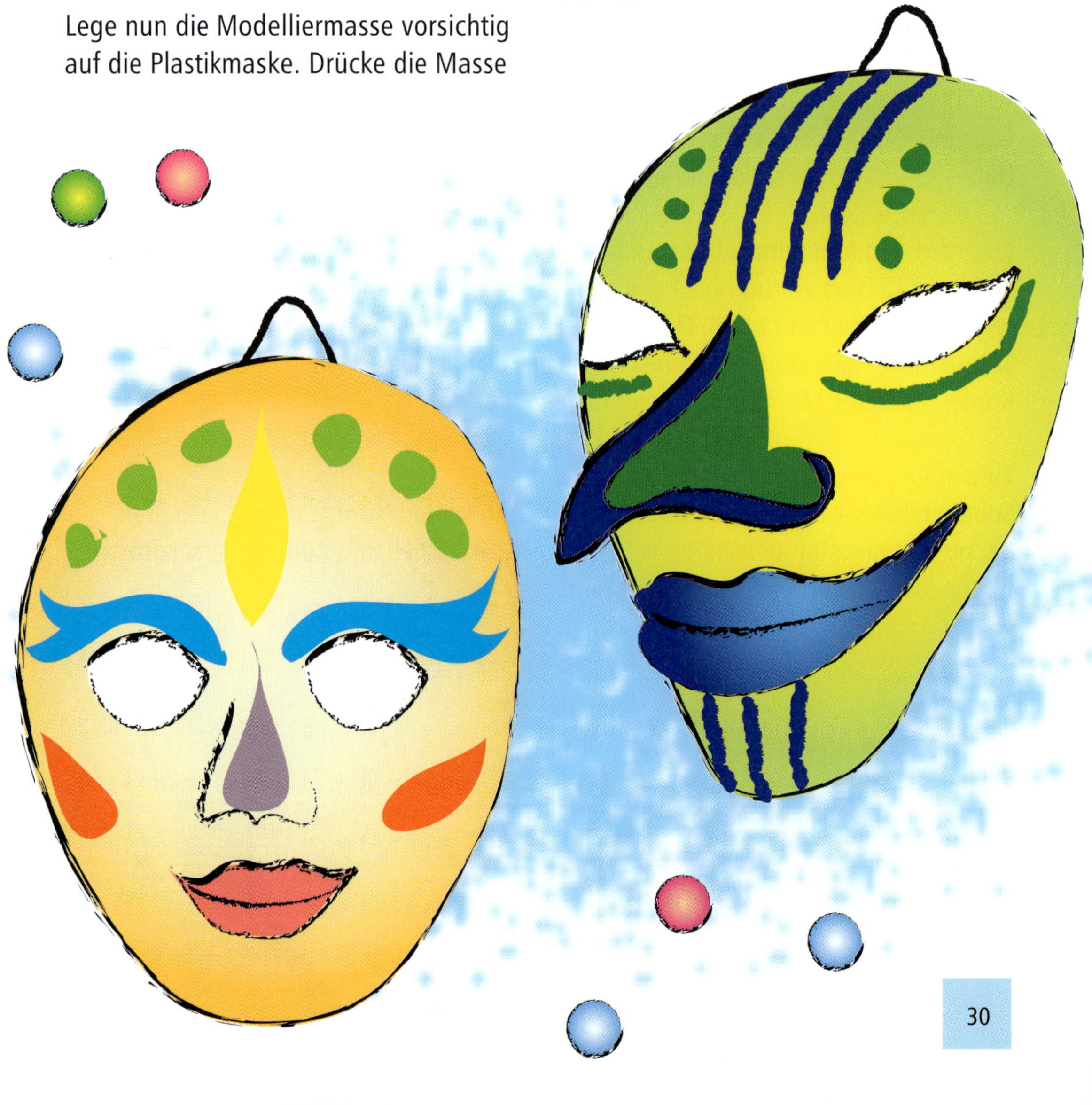

Schneide die überstehenden Ränder weg und glätte die Kanten. Nun kannst du der Maske zum Beispiel noch eine riesige Nase, wulstige Augenbrauen und vielleicht auch einen schiefen Mund verpassen. Verwende die Reste der Modelliermasse dafür.

Drücke die Teile vorsichtig an das Gesicht und arbeite sie mit einem Modellierholz ein. Streiche alles mit nassen Fingern glatt.

Sobald du mit deiner Maske zufrieden bist, lässt du sie an der Luft trocknen. Je nach Dicke der Maske kann das einen bis zwei Tage dauern. Dann kannst du die Maske von der Plastikvorlage abnehmen. Hebe dafür die Ränder mit dem Messer vorsichtig an, damit nichts kaputtgeht. Bitte einen Erwachsenen, dir dabei zu helfen.

Nach dem Abnehmen lässt du die Maske nochmals einige Stunden trocknen. Um die Oberfläche stärker zu glätten, kannst du sie vorsichtig mit Schleifpapier abschleifen.

Bemale nun die Maske, wie du es möchtest. Ist die Farbe getrocknet, bestreiche die Maske mit Klarlack. Befestige oben einen Bildaufhänger und ziehe die Kordel hindurch – dann kannst du die Maske an der Wand aufhängen.

Igel-Stifthalter

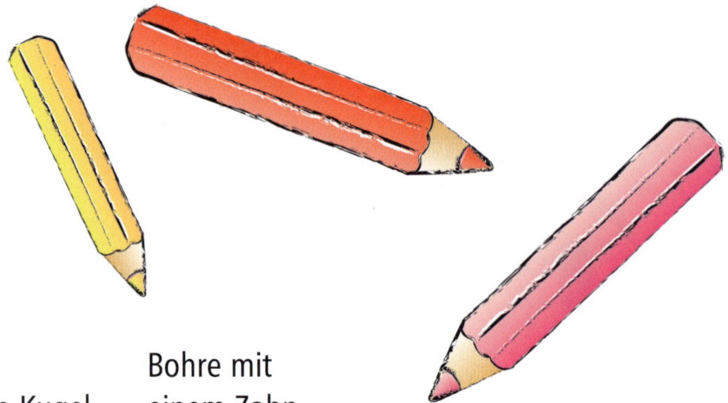

mittel

Material

tonfarbene Modelliermasse (zum Beispiel Efaplast)
Modellierhölzchen
Wasser
Pinsel
Messer
Brett
Stifte

Und so gehts:
Rolle aus der Modelliermasse eine Kugel. Je größer diese Kugel ist, desto größer wird auch dein Igel werden.

Drücke die Kugel auf einer Seite platt. Darauf kann der Igel später stehen. Ziehe die Kugel vorn lang und forme eine Schnauze. Feuchte deine Hände immer wieder an, sonst bleibt die Modelliermasse daran kleben. Mit nassen Händen kannst du auch die Oberfläche besser glätten.

Oben, auf dem Rücken des Igels, ritzt du die Modelliermasse mit einem Hölzchen mehrfach ein. Nun sieht es so aus, als habe der Igel sein Stachelkleid an. Hinten formst du einen winzigen Schwanz.

Bohre mit einem Zahnstocher zwei kleine Löcher als Augen rechts und links über der Schnauze. Stich mit der Spitze eines Stifts mehrere Löcher in den Rücken des Igels. Sie sollten so groß und tief sein, dass man einen Stift hineinstellen kann. Lass den Igel an der Luft gut trocknen. Dies dauert einige Tage. Dann ist dein Stiftigel fertig!

Tipp:
Aus Modelliermasse lassen sich auch andere Figuren basteln. Möchtest du bunte Figuren haben, verwende weiße Modelliermasse und male deine Arbeiten nach dem Trocknen mit Acrylfarben an.

Stoffe, Wolle & Co.

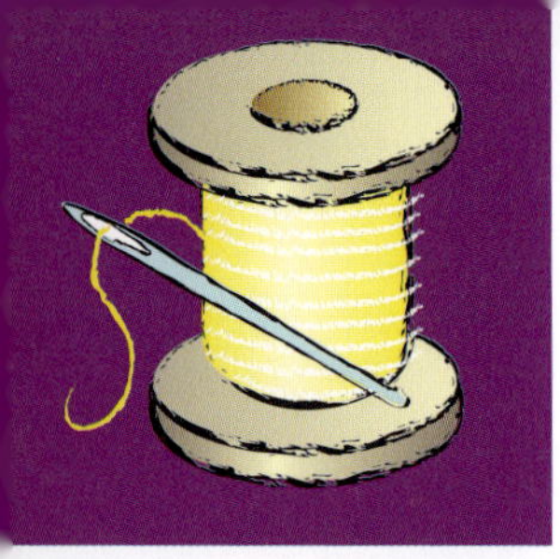

Fadenbilder

leicht

Material

Ton- oder Fotokarton
Wollreste
Filzreste
Zeichenpapier
Transparentpapier
Bleistift
Schere
Klebestift
Klebeband
Schwarzer Filzstift

Und so gehts:
Aus Karton und Wollresten lassen sich viele schöne Bilder gestalten. Entscheide dich zuerst für ein Motiv (zum Beispiel für ein Tier oder eine schöne Blume). Zeichne es mit Bleistift direkt auf den Ton- oder Fotokarton.

Dein Motiv ist sehr kompliziert? Dann suche dir eine Vorlage, etwa aus einem Buch, und pause das Motiv mithilfe von Transparentpapier und Bleistift ab. Wende das Transparentpapier. Befestige es mit Klebefilm auf dem Karton und ziehe die Linien mit einem Bleistift nach. Die Figur überträgt sich so ganz einfach auf den Karton.

Streiche die Stellen, die du mit Wolle bekleben willst, dick mit Klebestift ein. Beginne sofort mit dem Aufkleben der Wolle. Klebe den Wollfaden immer in einer Spirale von außen nach innen. Führe die Wolle dabei im Kreis. Wechsle auch die Farben, damit es schön bunt wird. Mache so weiter, bis deine Figur vollständig beklebt ist.

Mit einem schwarzen Filzstift kannst du die Umrisse deiner Figur nochmals genauer nachzeichnen. Hast du ein Tier als Motiv gewählt, so gib ihm doch ein lustiges Gesicht. Für die Nase und Augen eignen sich auch Filzkreise, die du aufklebst.

Geflochtene Freundschaftsbänder

mittel

Material

3 Wollfäden
in Rot, Blau und Gelb

Schere

Und so gehts:
Verknote die drei Fäden miteinander. Lege sie so vor dich, dass der rote Faden (a) links, der blaue in der Mitte (b) und der gelbe Faden (c) rechts liegt.

Lege den roten Faden (a) von links über den blauen (b), sodass der rote in der Mitte liegt.

Jetzt legst du den gelben Faden (c) über den mittleren roten Faden (a). Danach wird wieder der blaue (b) über den gelben (c) gelegt, dann der rote (a) über den gelben (c) Faden und so weiter (siehe die Bilderfolge). Das Ganze wiederholst du so lange, bis dein Band die gewünschte Länge hat. Die Enden werden einfach zusammengeknotet. Fertig ist dein Freundschaftsband!

Tipp:
Natürlich kannst du für dein Freundschaftsband auch Wollfäden in anderen Farben oder sogar dünne Lederbänder verwenden.

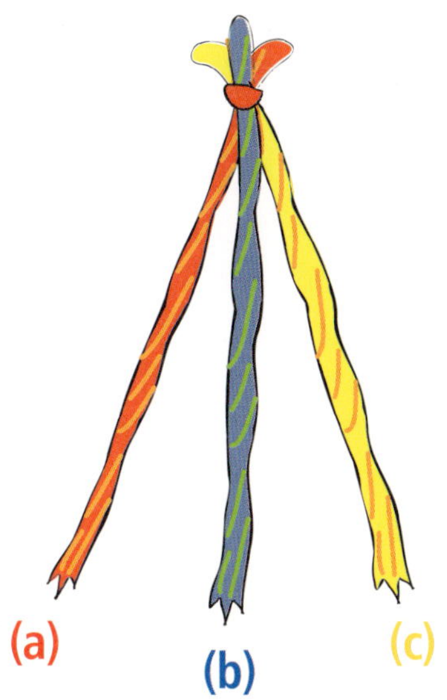

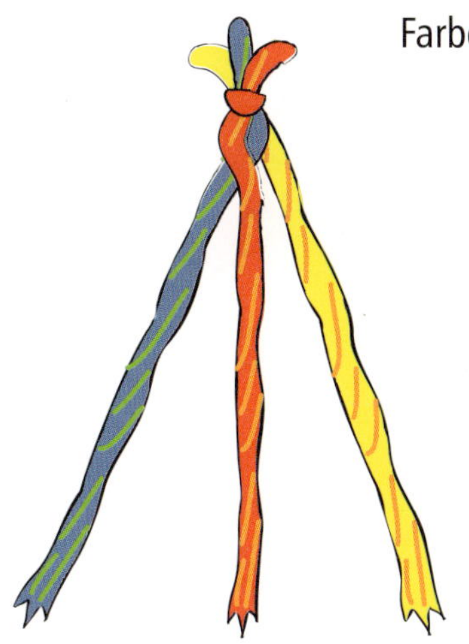

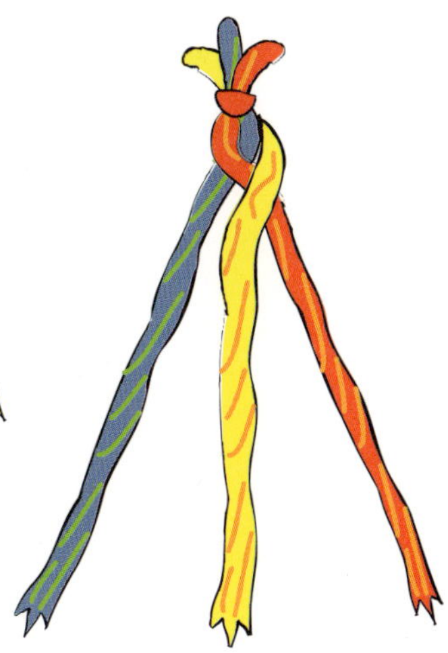

Tiere aus Biegeplüsch

leicht

Material

Biegeplüschdraht (jeweils 50 cm Länge)

rotes Tonpapier

Schere

Alleskleber

Nylonfaden

Wackelaugen oder kleine Perlen

Und so gehts:

Biegeplüsch – eigentlich Pfeifenputzer – gibt es in allen möglichen Farben. Daraus kannst du im Folgenden ganz einfach lustige Tiere basteln, nämlich eine Schlange, eine Schnecke und eine Spinne.

Schlange:

Für die Schlange benötigst du drei verschiedenfarbige Biegeplüschdrähte. Verdrehe die Biegeplüschdrähte an einem Ende miteinander. Dann flichtst du sie zu einem Zopf (siehe auch Freundschaftsbänder Seite 35). Am Ende des Zopfs verdrehst du die Enden der Drähte wieder miteinander.

Biege für den Kopf an einem Ende den Draht um, sodass eine Verdickung entsteht. Klebe nun rechts und links die Wackelaugen oder zwei kleine Perlen auf den Kopf. Schneide nun noch aus rotem Tonpapier eine gespaltene Zunge aus. Klebe sie vorn an den Kopf der Schlange.

Spinne:

Noch einfacher lässt sich eine Spinne basteln. Dazu brauchst du vier gleich lange Biegeplüschdrähte in einer Farbe (zum Beispiel in Orange) und einen weiteren in einer anderen Farbe (zum Beispiel in Schwarz).

Bündle die vier orangefarbenen Drähte in der Mitte und halte sie fest. Wickle nun den schwarzen Biegeplüsch um die Mitte herum – das wird der Körper der Spinne. Die orangefarbenen Drähte sind die acht Beine: Biege sie so um, dass die Spinne darauf stehen kann. Klebe – wenn du willst – am Körper noch zwei bunte Perlen oder Wackelaugen an.

Schnecke:
Für die Schnecke benötigst du zwei Biegeplüschdrähte, am besten einen hellen und einen dunklen. Der dunkle Biegeplüsch sollte etwa 15 Zentimeter länger sein als der helle. Verdrehe die beiden Plüschdrähte an einem Ende miteinander und wickle sie ineinander, bis der helle Biegeplüsch zu Ende ist. Dieses ineinandergedrehte Stück drehst du nun zu einem Schneckenhaus zusammen – also in einer Spirale.

Der dunkle Biegeplüschrest wird zum Schneckenkörper. Biege das freie Ende so zurecht, dass ein runder Kopf entsteht. Schneide zwei kurze Stücke vom Nylonfaden ab. Klebe sie als Fühler oben an den Schneckenkopf.

Tipp:
Biegeplüschtiere kann man ganz leicht an Gegenständen befestigen – zum Beispiel an einer Schreibtischlampe oder Gardinenstange. Beim Kinderfest kannst du sie auch an den Gläsern deiner Gäste befestigen, so verwechselt keiner mehr sein Glas!

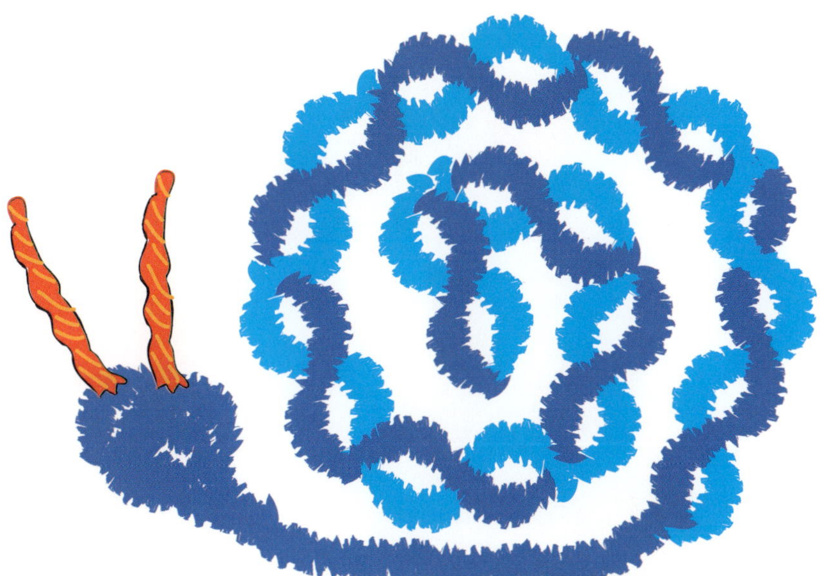

Bommel

mittel

Material
Wolle
Dünne Pappe
Zirkel
Schere

Und so gehts:
Zeichne mit einem Zirkel einen kleinen Kreis auf Pappe. Darum herum ziehst du einen Kreis, dessen Durchmesser doppelt so groß ist. Schneide zuerst den großen Kreis aus, dann den Innenkreis. Für jeden Bommel benötigst du zwei solcher Pappringe.

Schneide von der Wolle vier bis sechs Fäden ab, die alle etwa zwei Meter lang sind. Lege die beiden Pappringe übereinander und wickle die Fäden gleichmäßig und fest darum. Wickle so lange Wollfäden um die Pappringe, bis in der Mitte nur noch ein winziges Loch übrig ist.

Nimm die Schere und schneide die Wolle außen am Rand auseinander, sodass die Pappe wieder zu sehen ist. Binde den Bommel nun zwischen den beiden Pappringen mit einem doppelten Wollfaden fest zusammen. Dabei soll etwas Faden übrig bleiben.

Schneide die Pappen durch und ziehe sie ab. An dem übrig gebliebenen Faden kannst du den Bommel aufhängen oder mit weiteren zusammenknoten. Alle anderen Fäden kürzt du rundherum auf die gleich Länge, sodass der Bommel schön gleichmäßig ist.

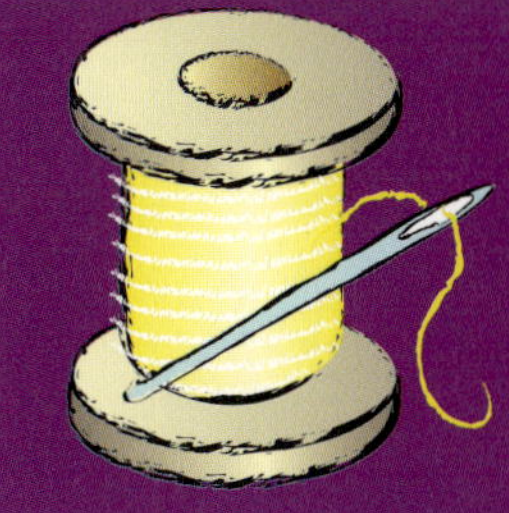

Wickeldöschen

Und so gehts:
Schneide mit dem Papiermesser ein fünf Zentimeter langes Stück von der leeren Papprolle ab. Klebe den Anfang des Wollfadens innen an der Papprolle fest. Warte, bis der Klebstoff getrocknet ist.

Wickle die Wolle gleichmäßig von innen nach außen um die Rolle, bis sie ganz bedeckt ist. Schneide den Wollfaden ab und klebe das Ende innen fest.

Schneide aus Pappe zwei Kreise aus, die genau auf die Öffnung der Papprolle passen. Einen klebst du als Boden unter die Papprolle und lässt den Kleber gut trocknen.

In die Mitte der anderen Pappscheibe bohrst du mit der Wollnadel ein kleines Loch. Umwickle nun die Pappscheibe, indem du Wolle mithilfe der Nadel immer wieder durch das Loch ziehst. Klebe dann den Faden an der Unterseite fest.

Über dem Loch nähst du eine größere Perle als Griff an. Schon sind Dose und Deckel fertig!

Tipp:
Du kannst auch eine glänzende Wolle verwenden oder beim Umwickeln ab und zu eine kleine Perle auffädeln. Dann sieht dein Döschen richtig edel aus.

mittel

Material

Leere Küchen- oder Toilettenpapierrolle
Pappe
Wolle
Alleskleber
Papiermesser
Schere
Perle
Dicke Nähnadel

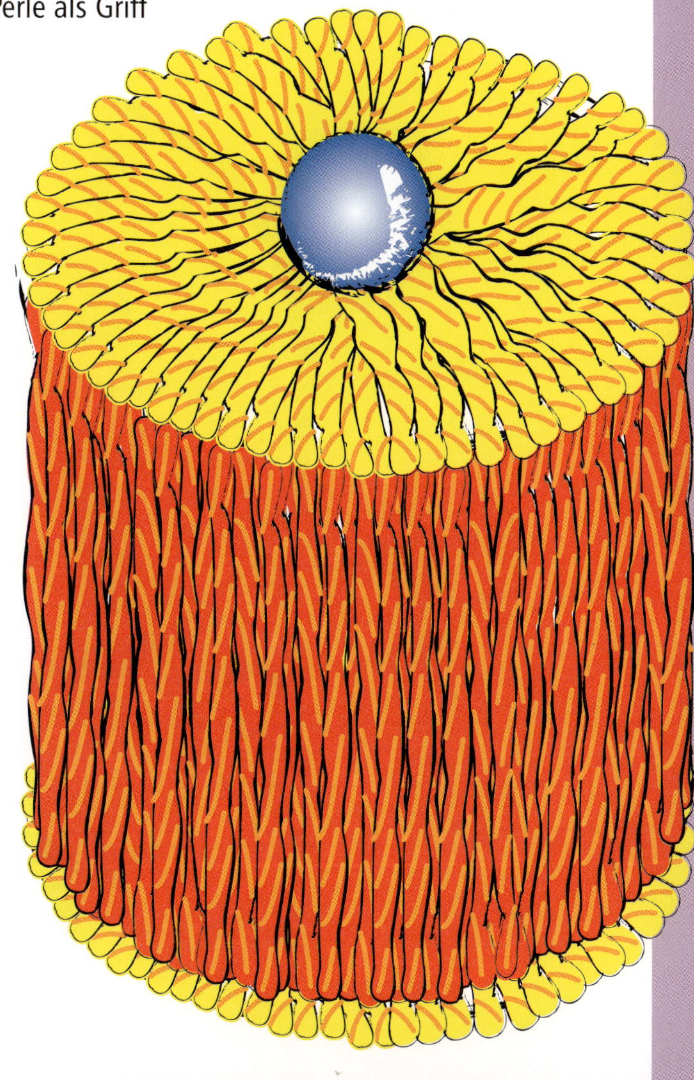

Traumfänger

mittel

Material

Dünner Metallring
(15–30 cm Durchmesser)
Wolle
Federn
Glas- oder Holzperlen
Schere
Alleskleber
Nähnadel
Garn

Und so gehts:
Umwickle den Metallring ganz fest mit Wolle.
Klebe das Ende fest und lass alles gut trocknen.

Jetzt gestalte die Anhänger: Fädle mehrere bunte Perlen auf ein Stück Garn. Damit sie später an der richtigen Stelle sitzen, machst du vor und hinter jede einen Knoten. Lass aber oben und unten ein Stück frei.

An einem Ende kannst du nun eine Feder festknoten. Das andere Ende befestigst du an dem Metallring. Fertige auf diese Weise mehrere Anhänger an. Achte darauf, dass alle Anhänger gleichmäßig verteilt sind.

Knote einen Wollfaden als Aufhänger oben am Metallring fest und hänge den Traumfänger daran auf – etwa am Fenster, auf dem Balkon oder an der Zimmerdecke.

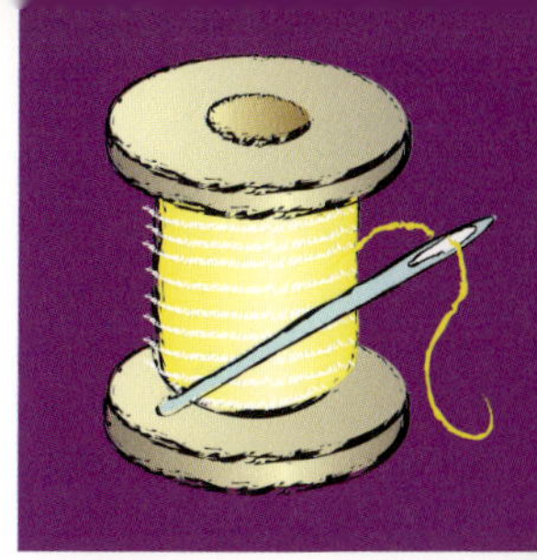

Kartoffeldruck

Und so gehts:
Schneide eine saubere Kartoffel in der Mitte durch. Achte darauf, dass die Schnittfläche glatt und gerade ist.

Drücke eine Ausstechform für Plätzchen in die Schnittfläche. Schneide nun mit einem Messer um die Form herum, sodass das Motiv herausragt. Lass dir dabei am besten von einem Erwachsenen helfen. Nimm die Ausstechform wieder ab und trockne die Schnittflächen mit Küchenpapier.

Bestreiche die Aufdruckfläche gleichmäßig mit Farbe. Mache zuerst einen Probedruck auf einem Stück Papier. Bist du damit zufrieden, kannst du dein Motiv auf das T-Shirt drucken.

Nun muss die Farbe noch fixiert werden, damit sie beim Waschen nicht verblasst. Halte dich dabei an die Anleitung, die du auf der Packung der Stofffarbe findest. Lass dir hierbei wieder von einem Erwachsenen helfen.

Natürlich kannst du auch Stoffbeutel, Bettwäsche und Geschirrtücher bedrucken. Verwende aber immer hellen Stoff, damit die Farben besser zur Geltung kommen.

Tipp:
Willst du mit einer anderen Farbe weiterdrucken, trockne den Stempel ab und trage neue Farbe auf. Fange immer mit den hellen Farben an.

mittel

Material
Große Kartoffel
Messer
Ausstechform
Stofffarben
Pinsel
Küchenpapier
Weißes T-Shirt

Windlicht mit Filz

leicht

Material

Windlichtglas

Hellgrüne Bastelfilzplatte (4–5 mm Dicke)

Filzreste in Rot, Gelb und Dunkelgrün (1–2 mm Dicke)

Bleistift

Schere

Alleskleber

Kerze

Und so gehts:
Schneide von der grünen Filzplatte einen Streifen ab, der so hoch wie das Windlichtglas ist und ganz darum herum passt. Lass dir bei diesem Schritt von einem Erwachsenen helfen.

Zeichne auf den roten Filz zwei Blüten, auf den gelben Filz zwei kleine Kreise und auf den dunkelgrünen Filz vier Blätter. Schneide alles aus. Klebe nun jeweils einen gelben Kreis in die Mitte der Blüten.

Befestige die beiden Blüten mit Klebstoff auf dem grünen Streifen. Achte darauf, dass sie sich später auf dem Glas gegenüberliegen. Klebe nun noch jeweils zwei Blätter an die roten Blüten. Lass alles gut trocknen.

Tupfe auf die Rückseite des Filzstreifens an verschiedenen Stellen Klebstoff auf und klebe ihn um das Glas. Nun kannst du eine Kerze hineinstellen. Überlasse das Anzünden aber einem Erwachsenen!

Filztasche

schwer

Material

Bastelfilzplatte (3 mm Dicke)

Kordel (1,5 m Länge)

Stoffschere

Bleistift

Alleskleber

Knopf (2 cm Durchmesser)

Nadel und Faden

Dekorationsmaterial (zum Beispiel Filzreste, Perlen, Glitzersteine)

Und so gehts:
Schneide aus dem Filz ein Stück von 14 mal 35 Zentimetern aus. Zeichne mit dem Bleistift auf der langen Seite nach 13 Zentimetern eine Linie an. Markiere dann davon ausgehend im Abstand von 13 Zentimetern noch einmal eine Linie.

Oben bleibt nun ein Rest von neun Zentimetern Höhe übrig. Das wird die Klappe deiner Tasche.

Trage nun links und rechts bis zur zweiten Linie Klebstoff auf (in der Abbildung sind diese Stellen durch Punkte gekennzeichnet). Knicke dann den Filz an der ersten Querlinie nach oben und klebe die beiden Seiten aneinander. Lass den Kleber gut trocknen.

Verziere die Taschenklappe, wie du es möchtest, beispielsweise mit andersfarbigen Filzstücken, Glitzersteinen oder Perlen.

Als Verschluss nähst du einen Knopf auf den unteren Taschenteil. Das Knopfloch schneidest du mit einer spitzen Schere in die Klappe.

Nähe nun die Enden der Kordel links und rechts auf der Innenseite der Tasche an, und zwar genau in der Knickkante der Klappe. Lass dir hierbei von einem Erwachsenen helfen. Und schon ist deine Filztasche fertig!

Tipp:
Die Taschenklappe kannst du auch oben rund oder dreieckig zuschneiden.

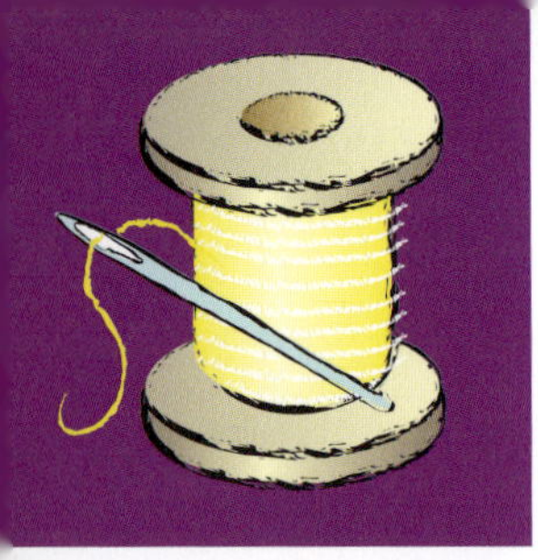

Strumpfdrache

schwer

Material

Alter Kniestrumpf
Dünne Pappe
Bleistift
Schwarzer Filzstift
Schere
Bastelfilz in Orange, Rot und Grün (2–3 mm Dicke)
Wollreste
2 kleine Knöpfe
2 kleine Perlen
Biegeplüschdraht
Alleskleber
Nadel und Faden

Und so gehts:
Schneide einen Kniestrumpf vorn entlang der Spitze auf – je größer das Drachenmaul werden soll, desto weiter schneidest du! Lass dir hierbei von einem Erwachsenen helfen.

Kopiere die Vorlage für das Maulinnere (Seite 138) und schneide sie aus. Die Größe des Maulinneren richtet sich natürlich nach dem Strumpf. Vergrößere oder verkleinere daher die Vorlage beim Kopieren wenn nötig.

Lege die Vorlage auf die Pappe. Zeichne die Umrisse nach und schneide das Ganze aus. Ritze die Knicklinie auf der Pappe mit der Spitze der Schere leicht ein.

Lege das Pappmaul auf den orangefarbenen Filz. Zeichne es mit einem Filzstift nach und schneide es aus.

Knicke das Pappmaul an der gestrichelten Linie. Öffne den Strumpf vorn und lege die Pappe hinein. Bestreiche den Rand der Pappe auf der Innenseite des Mauls mit Klebstoff. Ziehe den aufgeschnittenen Strumpfrand nach innen und klebe ihn am Pappmaul fest.

Klebe nun den ausgeschnittenen Filz auf die Pappe im Maul. Schneide aus rotem Filz eine gespaltene Zunge aus und klebe sie in das Maul. Aus dem grünen Filz schneidest du Ohren aus, die du oben am Kopf befestigst.

Nähe als Nasenlöcher zwei kleine Knöpfe und als Augen zwei kleine Perlen an. Wollreste kannst du als Mähne hinter dem Kopf des Drachens mit Nadel und Faden anbringen. Aus buntem Biegeplüsch lassen sich furchterregende Hörner basteln. Drehe dazu zwei kurze Biegeplüschdrähte zu Spiralen und nähe sie am Kopf an.

Ist der Drache fertig, kannst du ihn über deine Arme stülpen und als Handpuppe benutzen.

Holz

Mikado aus Zweigen

leicht

Material

Getrocknete, dünne Zweige

Plakat- oder Acrylfarben in Rot, Orange, Grün und Violett

Pinsel

Schleifpapier

Punktewürfel

Und so gehts:
Brich die Zweige in 20 gleich lange Stücke. Zweigenden, die nicht glatt genug sind, schleifst du mit Schleifpapier ab. Lass dir dabei am besten von einem Erwachsenen helfen.

Bemale nun jeweils fünf Stöckchen an beiden Enden in den Farben Rot, Orange, Grün und Violett. Sobald die Farbe trocken ist, kann das Spiel beginnen!

Spielanleitung: (2–4 Personen)
Legt zuerst fest, wer mit welcher Farbe spielen will. Mischt dann alle Mikadostäbchen ordentlich durch und legt sie als kleinen Haufen auf den Tisch oder Boden. Zu Beginn wirft jeder Spieler einmal den Zahlenwürfel. Wer die höchste Punktezahl hat, darf anfangen.

Hat er zuvor zum Beispiel die Farbe Orange gewählt, darf er nur orange bemalte Stöckchen aus dem Haufen nehmen. Dabei dürfen sich die anderen Stäbchen jedoch nicht bewegen, sonst ist der nächste Spieler an der Reihe. Wer zuerst seine Stöckchen herausgezogen hat, ist der Sieger.

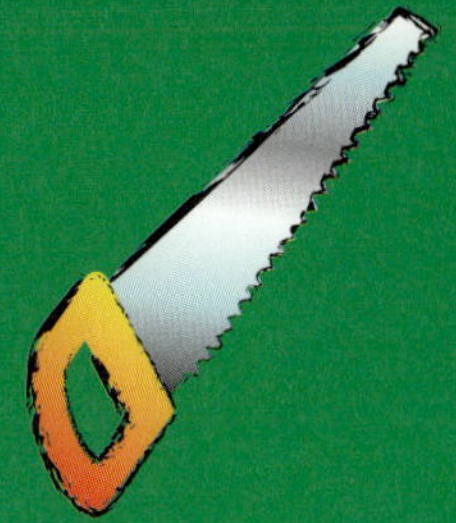

Notizzettelhalter

Und so gehts:
Bemale zuerst die Wäscheklammer in der Farbe deiner Wahl. Lass sie gut trocknen.

Zeichne währenddessen ein schönes Motiv auf das Sperrholz. Das kann eine Blüte, ein Kleeblatt, ein Herz, ein Schmetterling oder sogar ein Fußball sein. Achte jedoch darauf, dass die Figur nicht größer als 2,5 Zentimeter ist.

Säge die Figur mit der Laubsäge aus. Die Zähne des Sägeblatts sollten dabei in Richtung Handgriff zeigen. Lass dir dabei von einem Erwachsenen helfen. Glätte im Anschluss die Kanten mit Schleifpapier.

Dann bemale die Figur so, wie es dir gefällt. Befestige sie zum Schluss mit Klebstoff vorn auf der Klammer. Fertig ist dein lustiger Notizzettelhalter!

schwer

Material
Holzwäscheklammer
Sperrholzreste (2 mm Dicke)
Schleifpapier
Acrylfarben
Pinsel
Bleistift
Alleskleber
Laubsäge

Fadenspannbild

mittel

Material

Kiefernholzplatte (2 cm Dicke)
Bleistift
Wasserfarben
Wolle
100–150 Messingnägel
Hammer
Pinsel
Schleifpapier

Und so gehts:
Schleife die rauen Kanten des Holzbretts mit Schleifpapier ab. Bemale die obere Hälfte mit blauer Wasserfarbe, die untere Hälfte mit grüner. Lass die Farben trocknen. Zeichne dann ein Haus auf das Brett.

Markiere im Abstand von zwei Zentimetern die Einschlaglöcher für die Nägel auf den Linien. Schlage nun an den Markierungen die Nägel gerade in die Holzplatte. Passe aber auf deine Finger auf! Solltest du noch nie mit einem Hammer gearbeitet haben, lass dir von einem Erwachsenen helfen.

Schneide lange Wollfäden zurecht. Befestige einen Faden mit einem doppelten Knoten am ersten Nagel. Ziehe den Faden zum nächsten Nagel und wickle ihn einmal herum. Dann gehts weiter zum nächsten Nagel und so weiter. Spanne den Faden immer ganz fest, aber ziehe die Nägel dabei nicht versehentlich heraus.

Sollte ein Faden zu kurz sein, so knote einfach einen zweiten daran und weiter gehts! Natürlich kannst du für verschiedene Teile des Hauses unterschiedliche Farben verwenden. Nimm zum Beispiel für das Dach rote, für die Tür blaue und für die Fenster grüne Wolle.

Tipp:
Natürlich kannst dir auch andere Motive ausdenken: Gestalte zum Beispiel ein Herz, eine Blume, einen Schmetterling oder einen Vogel ... Lass deiner Fantasie freien Lauf!

Marionette

Und so gehts:
Du möchtest eine Marionette basteln? Wie wäre es mit einem niedlichen Bären? Stecke dazu alle Holzkugeln auf Zahnstocher und male sie braun an. Zum Trocknen steckst du sie in ein Stück Styropor.

Halte die große Kugel so, dass die Löcher nach unten beziehungsweise nach oben zeigen. Bohre nun mit dem Vorstecher weitere kleine Löcher hinein: zwei seitlich für die Arme und zwei unten für die Beine. Lass dir dabei von einem Erwachsenen helfen.

Drehe mit der Zange in jedes Loch eine Ringschraube. Ziehe durch jede Schraube ein Stück Kordel und knote es fest. Es sollte so lang sein, dass du jeweils drei mittelgroße Holzkugeln auffädeln kannst. Mache nach jeder Kugel einen Knoten, sodass sie nicht verrutschen kann.

Zeichne auf das Moosgummi zwei Bärenohren und schneide sie aus. Befestige sie mit Klebstoff oben an der große Kugel. Klebe außerdem zwei Wackelaugen auf und zeichne eine Nase und einen Mund.

Binde einen kurzen Marionettenfaden an einer kleinen Holzkugel fest. Ziehe den Faden von unten durch den Bärenkörper. Führe ihn dann durch das Loch in der Mitte des Marionettenkreuzes. Fädle oben wieder eine kleine Holzkugel auf. Verknote den Faden so, dass eine kleine Schlaufe entsteht.

Ziehe vier längere Fäden mit einer Nadel durch die Knoten am Ende der Arme und Beine und verknote sie dort. Führe sie durch die Löcher im quer stehenden Teil des Marionettenkreuzes. Fädle oben wieder jeweils eine kleine Holzkugel auf und verknote das Ganze so, dass kleine Schlaufen entstehen. Durch diese kannst du beim Spielen deine Finger stecken.

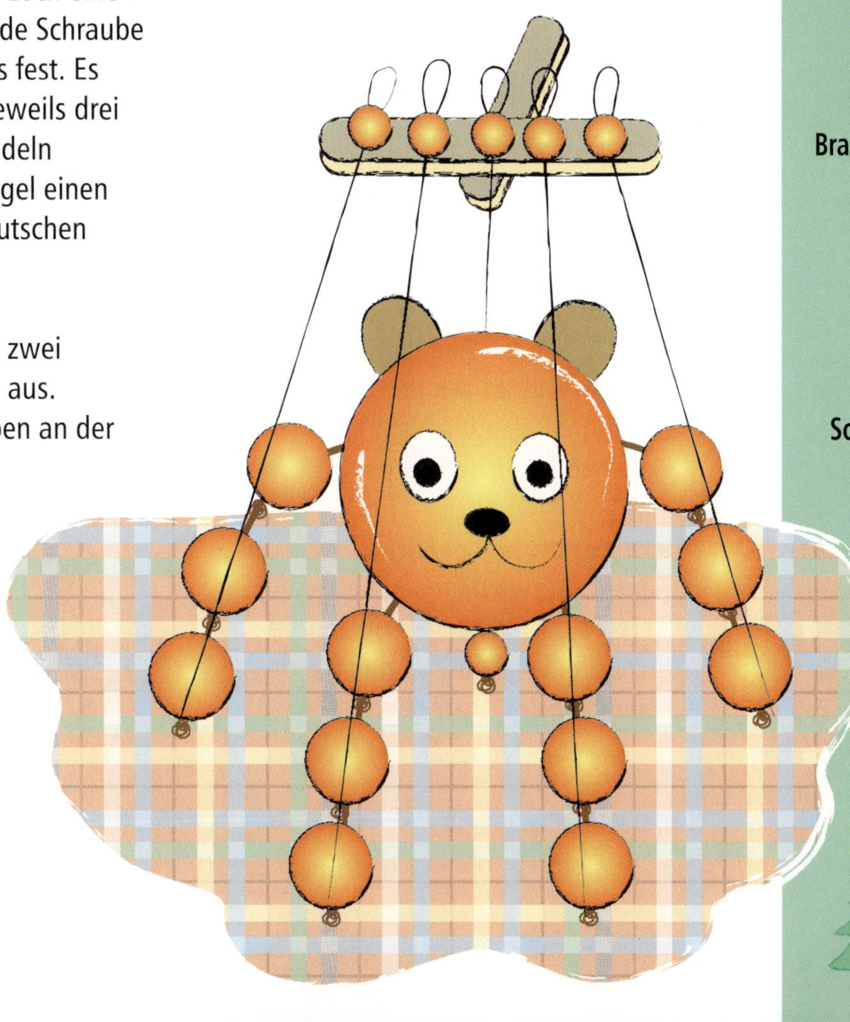

schwer

Material

Holzkugel mit Loch (7 cm Durchmesser)

12 Holzkugeln mit Loch (2 cm Durchmesser)

6 Holzkugeln mit Loch (1 cm Durchmesser)

Marionettenkreuz in T-Form

Marionettenfäden

Hellbraune Acrylfarbe

Pinsel

4 kleine Ringschrauben

Braune Kordel

Brauner Moosgummi

Wackelaugen

Bleistift

Holzkleber

Vorstecher

Zange

Schwarzer Filzstift

Zahnstocher

Nadel

Styropor

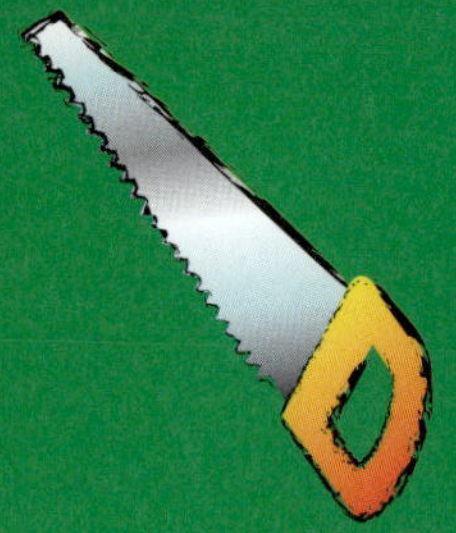

Hampelfrosch

schwer

Material

Sperrholz (3 mm Dicke)
Laubsäge
Laubsägeblätter für Holz
Schleifpapier
4 Briefverschluss-klammern
Baumwollgarn
Holzperle
Acrylfarben in Weiß, Gelb, Grün, Rosa und Rot
Schwarzer Filzstift
Klarlack
Pinsel
Alleskleber
Bleistift
Akkubohrmaschine

Und so gehts:
Kopiere die Froschvorlage von Seite 139 und schneide sie aus. Lege alle Teile auf das Sperrholz und fahre mit dem Bleistift die Umrisse nach. Übertrage so den Körper einmal und den Arm und das Bein je zweimal.

Säge alles mit der Laubsäge aus. Achte darauf, dass die Zähne des Sägeblatts in Richtung Handgriff zeigen. Glätte im Anschluss die Kanten mit Schleifpapier.

Grundiere die Teile in Weiß und lass sie gut trocknen. Bemale sie dann mit den Acrylfarben und dem schwarzen Filzstift wie auf der Abbildung. Ist die Farbe getrocknet, bepinsle alles mit Klarlack.

Zeichne die Markierungen für die Löcher an allen fünf Teilen gemäß der Vorlage (Seite 139) an. Bitte einen Erwachsenen, mit einer Akkubohrmaschine die Löcher zu bohren. Befestige dann die Arme und Beine jeweils an den unteren Löchern mit den Briefverschluss-klammern am Froschkörper.

Spanne nun auf der Rückseite ein Stück Garn straff zwischen den beiden Armen. Ziehe es dazu durch die oberen freien Löcher und verknote es gut. Bei den Beinen machst du es genauso.

Knote in der Mitte des Garns, das die beiden Armen verbindet, ein weiteres langes Stück Garn fest. Führe es nach unten und verknote es auch an der Verbindungsschnur zwischen den beiden Beinen. Am Ende befestigst du eine Holzperle.

Wenn du daran ziehst, bewegen sich die Arme und Beine. Und schon ist er fertig, dein Hampelfrosch!

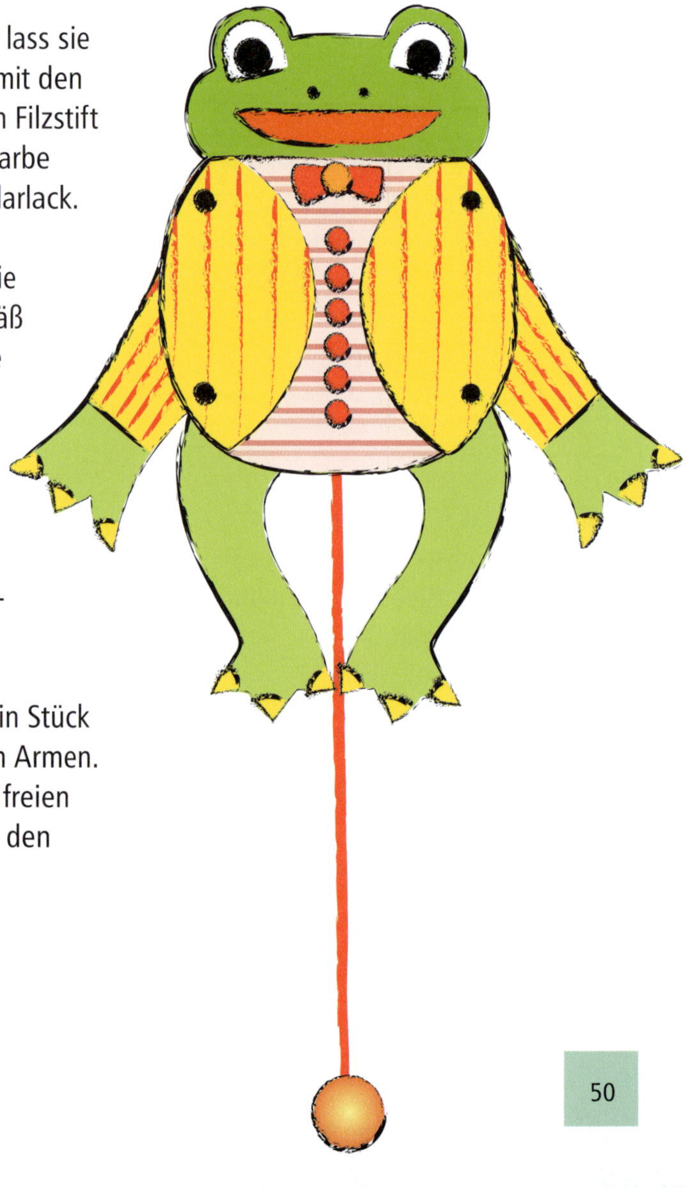

Schönes aus der Natur

Schnecke im Haus

leicht

Material
Schneckenhaus
Länglicher, flacher Stein
Dicke Schnur
Schere
Alleskleber
Schwarzer Filzstift

Und so gehts:
Wähle ein Schneckenhaus, das auf deinen Stein passt. Klebe es so darauf, dass an einem Ende noch etwas Platz für den Kopf und die Fühler bleibt. Lass den Klebstoff trocknen.

Schneide von der Schnur ein längeres Stück für die Fühler und ein kürzeres für die Augen ab. Klebe die Mitte jeder Schnur auf den Kopf der Schnecke.

Male die beiden Enden der kürzeren Schnur mit einem schwarzen Filzstift an. Jetzt hat die Schnecke Augen.

Zeichne vorn am Rand des Steins mit dem schwarzen Filzstift noch den Mund. Schon ist deine Steinschnecke fertig. Du kannst sie zum Beispiel als Briefbeschwerer verwenden.

Walnuss-Schildkröte

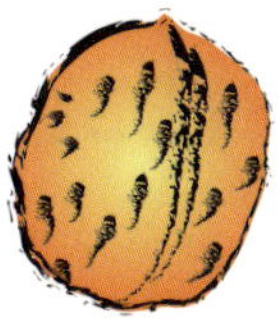

Und so gehts:
Zeichne den Körper der Schildkröte auf Moosgummi oder Tonkarton. Male ihn so wie auf der Abbildung von oben gesehen.

Schneide den Schildkrötenkörper aus und klebe eine Nusshälfte darauf. Schon hat deine Schildkröte einen Panzer. Lass den Klebstoff gut trocknen.

Bemale nun den Panzer, wie du es schön findest. Wenn die Farben trocken sind, zeichne mit einem schwarzen Filzstift ein lustiges Gesicht und Füße auf das Moosgummi oder das Tonpapier.

Tipp:
Bastle mehrere Schildkröten in unterschiedlichen Farben. So kannst du sie zum Beispiel als Spielfiguren benutzen.

leicht

Material
Halbe Walnussschalen
Moosgummi- oder Tonkartonreste
Acrylfarben in verschiedenen Farben
Bleistift
Schwarzer Filzstift
Alleskleber
Schere
Messer
Pinsel

Karte mit Herbstblättern

leicht

Material

Tonkarton in verschiedenen Farben (DIN A5)
Falzbein
Gepresste Herbstblätter
Filzstifte
Klebestift
Lineal

Und so gehts:
Falze einen Tonkarton in der Mitte. Fahre dazu mit einem Falzbein – das ist ein sehr flacher, unten abgerundeter und oben leicht spitz zulaufender Stab – am Lineal entlang. Falte den Tonkarton dann an dieser Kante zu einer Karte zusammen.

Ordne verschiedene Blätter probeweise auf der Vorderseite der Karte an. Bist du mit der Anordnung zufrieden, bestreiche die Rückseite der Blätter mit Klebestoff und klebe sie auf. Lass das Ganze gut trocknen.

Nun kannst du sie als Einladungs- und Grußkarte verwenden. Schreibe deinen Text einfach hinein. Soll sie als Tischkarte dienen, schreibe vorn den Namen deines Gasts darauf. Besonders schön sieht das mit einem Gold- oder Silberstift aus.

Kastanien-Raupe

Und so gehts:
Bohre die Kastanien zuerst mit einem Vorstecher an. Durchbohre sie dann mit einem Kastanienbohrer.

Reihe Kastanien und trockene Blätter abwechselnd auf einer Schnur auf. Verknote die Schnur am Schwanzende.

Durchbohre die Wattekugel mit dem Vorstecher. Male sie dann braun an. Ist die Farbe trocken, ziehe das freie Schnurende durch das Loch und verknote es. Die Wattekugel wird der Raupenkopf.

Nun kannst du die Raupe verzieren: Schneide zwei kleine Stücke Biegeplüsch ab und stecke sie als Fühler in die Wattekugel. Male zum Schluss mit schwarzem Filzstift ein lustiges Gesicht. Und fertig ist deine Kastanienraupe!

leicht

Material
Kastanien
Wattekugel
Hellbraune Plakatfarbe
Kleine, getrocknete Herbstblätter
Paketschnur
Vorstecher
Kastanienbohrer
Pinsel
Schwarzer Filzstift
Brauner Biegeplüsch
Schere

Türkranz aus Herbstblättern

leicht

Material

Brauner Fotokarton
Gepresste Herbstblätter
Plakatfarben in Gelb, Orange, Dunkelrot, Braun und Dunkelgrün
Pinsel
Zirkel
Schere
Alleskleber
Naturfarbener Bast
Getrocknete Beeren

Und so gehts:
Zeichne mit dem Zirkel einen kleinen Kreis (14 Zentimeter Durchmesser) auf den Karton. Darum herum zeichnest du einen größeren Kreis (20 Zentimeter Durchmesser). Schneide zuerst den äußeren Kreis aus, dann den inneren. So erhältst du einen Ring.

Bemale die gepressten Blätter mit Plakatfarben und lass sie trocknen. Besonders schöne Blätter kannst du auch unbemalt verwenden.

Ordne die Blätter überlappend auf dem Pappring an und klebe sie auf.

Befestige auf den Blättern orange, gelbe oder rote Beeren. Lass alles gut trocknen. Forme den Bast zu einer Schlaufe und klebe ihn auf der Rückseite des Kranzes fest. Wenn der Klebstoff trocken ist, kannst du deinen Herbstkranz an die Tür hängen.

Waldwichtel

leicht

Material
Walnuss
Tannenzapfen
Kleine, dünne Zweige
Moos
Efeublatt
Bast
Alleskleber
Schere
Filzstifte

Und so gehts:
Teile eine Walnuss vorsichtig in zwei Hälften und höhle sie aus. Male auf eine Nussschalenhälfte mit Filzstiften ein lustiges Gesicht.

Schneide ein 30 Zentimeter langes Stück Bast ab. Forme eine Schlaufe und verknote die Enden. Befestige den Bastknoten mithilfe von Klebstoff oben im Inneren der bemalten Nusshälfte. Klebe die beiden Nusshälften zusammen. Lass alles gut trocknen.

Klebe auf das obere Ende eines Zapfens einige gerade, dünne Zweige als Arme. Warte, bis der Klebstoff getrocknet ist. Befestige dann das Efeublatt und den Nusskopf darauf und lass das Ganze wiederum trocknen.

Bringe zum Schluss Moos als Haare auf dem Nusskopf an. Hänge dann den Waldwichtel an dein Fenster.

Tipp:
Bastelst du mehrere solcher Waldwichtel, kannst du sie an einem dickeren Ast zu einem Mobile zusammensetzen (siehe Fruchtmobile auf Seite 9).

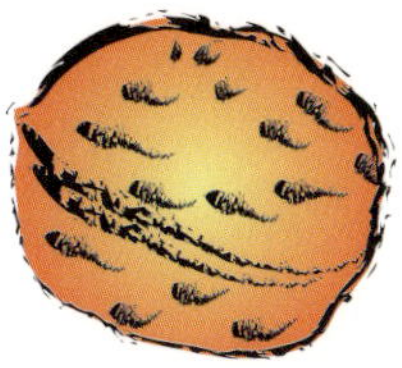

Blätterbild

leicht

Material

Getrocknete Blätter, Gräser und Blüten
Kleine, dünne Zweige
Moos
Kürbis- und Sonnenblumenkerne
Kleine Steine
Plakatfarben
Pinsel
Fotokarton als Bilduntergrund
Alleskleber
Schere
Rahmen

Und so gehts:
Aus gesammelten und gekauften Materialien kannst du sehr schöne Bilder gestalten, indem du sie auf einen Untergrund aufklebst. Solche Bilder nennt man Collage. Du kannst eine Landschaft, Tiere oder andere Figuren darstellen.

Ordne die Blätter, Grashalme und Blüten nach deinen Vorstellungen an und klebe sie auf einen farblich passenden Fotokarton. Verschönere dein Bild mit Zweigen und Moos sowie mit Kürbis- und Sonnenblumenkernen. Kleine Steine kannst du zum Beispiel so bemalen, dass Käfer oder Waldpilze entstehen. Klebe alles auf den Fotokarton und lass es gut trocknen.

Wenn du mit deinem Bild zufrieden bist, bringe den Rahmen an. Dann kannst du dein Blätterbild aufhängen.

Walnuss-Rassel

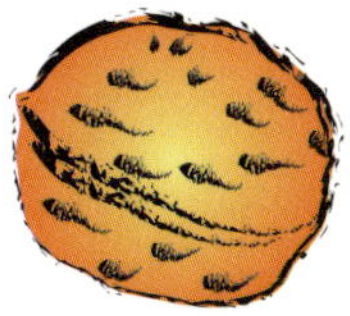

Und so gehts:
Schneide ein längeres Stück Draht mit der Drahtzange ab. Bitte hierfür einen Erwachsenen um Hilfe. Spanne ihn quer über die Gabelung des Asts und verdrehe die Enden.

Teile drei Walnüsse vorsichtig in zwei Hälften und nimm die Kerne heraus. Lass dir hierbei ebenfalls von einem Erwachsenen zur Hand gehen. Je nachdem, wie stark dein Ast gegabelt ist, benötigst du eventuell noch eine weitere Nuss.

Fülle jeweils eine Nusshälfte mit Reis oder Steinchen. Halte die Schale an den gespannten Draht. Klebe die andere Nusshälfte so an, dass der Draht zwischen den Nussschalen liegt.

Lass die Klebenaht gut trocknen. Mit den anderen Nusshälften machst du das Gleiche. Fertig ist die Nuss-Rassel!

mittel

Material

Stabiles Ästchen mit einer Gabelung

Walnüsse

Reis oder kleine Steinchen

Alleskleber

Blumen- oder fester Basteldraht

Drahtzange

Blättergirlande

leicht

Material

Kleine, getrocknete Blätter

Getrocknete Lampionfrüchte

Holzperlen in verschiedenen Farben (0,8–10 mm Durchmesser)

Becher von Eicheln

Messingdraht (0,3 mm Durchmesser)

Und so gehts:
Lass dir bei dieser Anleitung von einem Erwachsenen helfen! Schneide ein langes Stück vom Messingdraht ab. Es sollte etwas länger sein als die Girlande am Schluss.

Biege eine Seite deines Drahts zu einer Schlaufe und verdrehe das Ende. Lass einen bis zwei Zentimeter Abstand und wickle ihn mehrmals um den Stiel eines Blatts. Lass wiederum etwas Abstand und befestige einen Eichelbecher.

Nach einem weiteren Blatt ziehst du den Draht durch eine Holzperle. Wickle ihn einmal herum, damit die Perle nicht verrutscht. Reihe so das Material aneinander, bis deine Girlande die gewünschte Länge hat.

Biege den Rest wieder zu einer Schlaufe um. Jetzt kannst du deine Blättergirlande zum Beispiel am Fenster oder über deinem Bett aufhängen.

Igel aus Kürbiskernen

Und so gehts:
Kopiere die Vorlage für den Körper des Igels (Seite 139) und schneide sie aus. Lege den Körper ohne Kopf mittig auf das Naturpapier und übertrage ihn mit dem Bleistift.

Verfahre nun ebenso mit dem Igelkopf: Übertrage ihn mithilfe der Vorlage auf das braune Tonpapier und schneide ihn aus. Klebe ihn an die passende Stelle des Igelkörpers auf dem Naturpapier. Schneide aus schwarzem Tonpapier zwei kleine Kreise aus. Klebe einen auf die Nasenspitze, der andere dient als Auge.

Jetzt befestigst du die Kürbiskerne mit Klebstoff auf dem Igelkörper. Ordne sie so an, dass sie wie Stacheln abstehen. Lass alles gut trocknen.

Klebe mehrere trockene Blätter und Zweige unter den Igelkörper – das wird sein Winternest. Rahme das Bild und hänge es auf.

Tipp:
Wenn du keine Kürbiskerne mit Schale zur Verfügung hast, kannst du stattdessen auch Sonnenblumenkerne verwenden. Bemale die Kerne nach dem Ankleben vorsichtig mit hellbrauner Acrylfarbe.

leicht

Material

Kürbiskerne mit Schale
Getrocknete Blätter
Trockene, dünne Zweigstücke
Tonpapierreste in Braun und Schwarz
Naturpapier oder Tonkarton (30 x 30 cm)
Bleistift
Schere
Alleskleber
Bilderrahmen

Erdnuss-Dalmatiner

mittel

Material

2 Erdnüsse mit Schale (1 kleine rundliche für den Kopf, 1 längliche für den Körper)
5 Zahnstocher
Acrylfarben in Weiß und Schwarz
Schwarzer Filz
Weißer Papierdraht
Pinsel
Alleskleber
2 Wackelaugen
4 schwarze Holzperlen

Und so gehts:
Bohre mit einem Zahnstocher vier Löcher für die Beine in die längliche Erdnussschale. Bohre außerdem ein Loch in den Rücken und in die Unterseite des Kopfes.

Kürze vier Zahnstocher (Beine) etwas. Beachte aber, dass Dalmatiner lange Beine haben. Stecke je ein Ende der Zahnstocher in die schwarzen Holzperlen und klebe sie fest. Das sind die Pfoten. Achte darauf, dass dein Hund gut stehen kann. Stecke die Zahnstocher mit der anderen Seite in den Körper und klebe sie dort ebenfalls fest.

Kürze einen weiteren Zahnstocher (Hals) etwa um die Hälfte und befestige ihn mit Klebstoff an Kopf und Körper.

Male die Erdnüsse und die Zahnstocher weiß an. Ist die Farbe trocken, betupfst du Kopf und Körper mit schwarzer Farbe – so bekommt der Dalmatiner seine Punkte. Versieh ihn noch mit einem lustigen Gesicht.

Schneide ein kurzes Stück des Papierdrahts ab. Befestige es am hinteren Ende der länglichen Erdnuss – das ist der Schwanz des Hunds.

Schneide aus schwarzem Filz zwei kleine Dreiecke aus. Klebe sie so am Kopf an, dass sie wie Hängeohren aussehen.

Meisenglocke

Und so gehts:
Stecke zuerst einen Zweig durch das Loch des Blumentopfs. Das untere Zweigende ragt dabei etwa zehn Zentimeter aus dem Topf heraus. Daran können sich die Vögel festhalten.

Dichte das Ganze mit Knetmasse ab, damit später kein Fett ausläuft. Binde an das obere Ende des Zweigs eine Schnur zum Aufhängen und knote sie fest.

Lass dir nun von einem Erwachsenen helfen: Gib das Fett in einen Topf und zerlasse es auf dem Herd bei niedriger Temperatur. Gib das Körner-Flocken-Gemisch und das Pflanzenöl hinzu.

Stelle den Blumentopf in ein hohes Glas. Nimm den Topf vom Herd. Fülle die noch zähflüssige Mischung in den Blumentopf. Warte, bis das Fett vollständig ausgehärtet ist.

Jetzt kannst du deine Meisenglocke draußen aufhängen.

Tipp:
Du kannst die Außenseite des Blumentopfs auch noch mit Acrylfarben bemalen.

mittel

Material

125 g Kokosfett oder Rindertalg

Je 75 g Haferflocken, gehackte Nüsse, Weizenkleie, Sonnenblumenkerne und Rosinen

1 Esslöffel Pflanzenöl

Alter Kochtopf

Tonblumentopf (10 cm Durchmesser)

Gerader Zweig

Hohes Glas

Knetmasse

Feste Schnur

Steinkatze

mittel

Material

Runde, glatte Steine in verschiedenen Größen
Hellgraue Acrylfarbe
Filz- oder Moosgummireste in Schwarz und Rosa
Kraftkleber
Alleskleber
Filzstifte
Nylonfaden
Schere

Und so gehts:
Bemale einen großen und einen kleineren Stein mit hellgrauer Acrylfarbe. Der große Stein dient als Körper, der kleinere als Kopf.

Klebe die beiden Steine mit Kraftkleber zusammen. Bitte einen Erwachsenen um Hilfe, da der Kleber sehr schnell trocknet.

Schneide aus schwarzem Filz oder Moosgummi Dreiecke für die Ohren aus. Klebe sie mit Alleskleber an der Rückseite des kleinen Steins fest. Schneide nun ebenfalls aus schwarzem Filz oder Moosgummi einen längeren Streifen für den Schwanz aus. Klebe ihn seitlich am großen Stein an.

Schneide einige Nylonfadenstücke ab. Klebe diese als Schnurrhaare vorn auf den kleinen Stein. Als Nase schneidest du ein Dreieck aus rosa Filz oder Moosgummi aus. Setze es mitten auf den kleinen Stein, sodass die Enden der Nylonfäden bedeckt sind. Zeichne der Katze zum Schluss mit Filzstiften ein lustiges Gesicht.

Deine Steinkatze eignet sich sehr gut als Briefbeschwerer. Du kannst auch mehrere verschiedene Tiere basteln und sie beim nächsten Geburtstagsfest als „Tischkarten" benutzen. Schreibe dafür die Namen der Gäste darauf.

Kleines Floß aus Zweigen

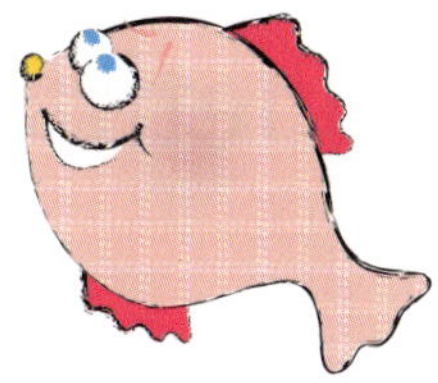

Und so gehts:
Lege die zehn Zweige nebeneinander. Schneide drei Bastfäden von je 60 Zentimeter Länge ab. Schlinge jeden Faden – einen oben, einen unten und einen in der Mitte – einmal um das erste Zweigstück und verknote ihn.

Nimm einen zweiten Zweig und lege ihn neben den ersten. Schlinge die Schnüre auch um diesen Zweig und verknote den Bast. Füge so alle Zweigstücke aneinander. Nach dem letzten Zweig befestigst du den Bast mit einem doppelten Knoten.

Stecke einen dünnen Zweig oder ein Holzstäbchen aufrecht zwischen die dicken Zweigstücke. Das ist der Mast deines Floßes.

Verschönere nun dein Floß: Schneide ein Segel aus dem Tonpapier aus. Bohre oben und unten mit einer Schere mittig ein kleines Loch. Ziehe das Segel daran über den Mast. Schneide nun noch aus Tonpapier eine Fahne aus. Befestige sie mit Klebstoff an der Mastspitze.

Und schon kann die Floßfahrt beginnen.

mittel

Material

10 gerade Zweige (20 cm Länge)

Dünnes Zweigstück oder Holzstäbchen

Bast

Tonpapierreste

Schere

Klebstoff

Magnetfrüchte

mittel

Material
Große Walnuss
Acrylfarben in Rot, Beige und Grün
Dünne, trockene Zweige
Grüne Filzreste
Magnete (2 cm Durchmesser)
Alleskleber
Schere
Pinsel
Backpapier

Und so gehts:
Teile die Walnuss vorsichtig in zwei Hälften und nimm die Kerne heraus. Lass dir dabei von einem Erwachsenen helfen.

Bemale nun die Nussschalenhälften. Eine Erdbeere und eine Kirsche zum Beispiel werden rot. Die Erdbeere bekommt zusätzlich winzige beigefarbene Punkte.

Male nun die kleinen Zweige grün an. Der Zweig für die Erdbeere sollte etwa 2,5 Zentimeter lang sein, der für die Kirsche etwa fünf Zentimeter.

Schneide aus grünem Filz ein kleines Blatt für die Kirsche und eine Blattkrone für die Erdbeere aus.

Klebe den kurzen Zweig an die Rückseite der Erdbeere, den langen an die Rückseite der Kirsche. Befestige das Blatt hinten am Stiel der Kirsche, die grüne Blattkrone der Erdbeere vorn.

Falte je ein Stück Backpapier zusammen, sodass es in die Nussschale passt. Klebe es hinein. Befestige darauf die Magnete und lass den Klebstoff trocknen.

Tipp:
Du kannst natürlich auch andere Früchte auf diese Weise basteln, zum Beispiel Äpfel, Birnen oder Orangen.

Weihnachten

Anhänger aus Wellpappe

leicht

Material

Wellpappe in verschiedenen Farben
Ausstechformen für Plätzchen
Bleistift
Gold- und Silberstift
Glitzer
Schere
Zahnstocher
Gold- und Silberfaden
Klebestift

Und so gehts:
Als Weihnachtsmotive eignen sich Sterne und Tannen besonders gut. Nimm als Vorlage am besten Ausstechformen in verschiedenen Größen.

Lege deine unterschiedlich großen Stern- oder Tannenformen nebeneinander auf die Rückseite der Wellpappe und zeichne die Konturen nach. Dann schneide sie aus.

Klebe einen kleineren Stern auf einen großen Stern beziehungsweise eine kleine Tanne auf einen größere. Zeichne zum Schluss die Wellen mit einem Gold- oder Silberstift nach.

Fertige einen weiteren Anhänger an. Bestreiche diesen mit Klebstoff und streue Glitzer darüber. Lass alles gut trocknen und schüttle den überschüssigen Glitzer ab.

Bohre mit dem Zahnstocher ein kleines Loch zwischen zwei Zacken des großen Sterns oder in die Spitze der größeren Tanne. Fädle einen Gold- oder Silberfaden hindurch und verknote die Enden. Nun kannst du deine Anhänger am Fenster, an einem Tannenzweig und sogar am Weihnachtsbaum aufhängen.

Tipp:
Rote und grüne Wellpappe eignen sich für die Weihnachtsanhänger am besten und lassen sich mit Gold sehr gut kombinieren. Blau sieht mit Silber besonders hübsch aus.

Tischsterne

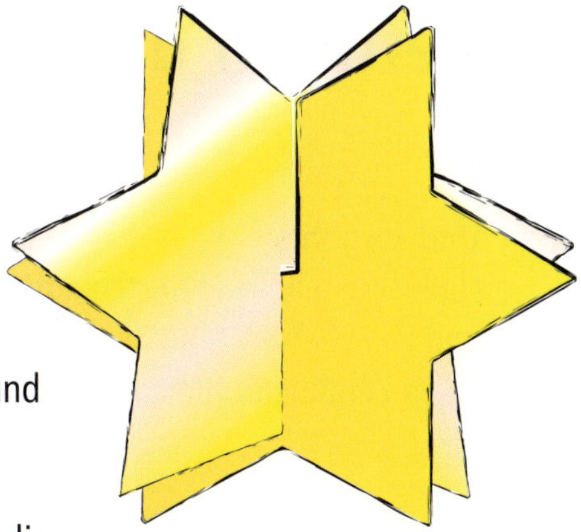

Und so gehts:
Lege die Ausstechform auf ein Blatt Papier und zeichne die Konturen nach. Schneide den Stern aus. Übertrage diese Vorlage zweimal auf den Tonkarton und zweimal auf die Goldfolie.

Schneide alle Teile aus und klebe die Foliensterne auf die Sterne aus Karton.

Nimm ein Lineal und einen Bleistift. Ziehe nun zwischen zwei Zacken eine Linie bis zur Mitte der beiden Sterne. Schneide sie an dieser Linie ein. Der Schnitt muss so breit sein, dass sich die Sterne ineinanderstecken lassen.

Gib etwas Klebstoff auf die Schnittstelle und stecke die Hälften zusammen. Bastle mehrere Goldsterne und schmücke damit den Weihnachtstisch.

leicht

Material
Gelber Tonkarton
Goldfolie
Ausstechform für Sterne
Blatt Papier
Schere
Bleistift
Klebstoff

Kette für den Weihnachtsbaum

leicht

Material

Bastelfolie in verschiedenen Farben
Bleistift
Lineal
Schere
Stift
Alleskleber

Und so gehts:
Nimm Bastelfolie in verschiedenen Farben. Zeichne auf jede vorsichtig mit Bleistift und Lineal einen zehn Zentimeter breiten Streifen. Unterteile jeden Streifen in etwa einen Zentimeter hohe Abschnitte. Schneide die kleinen Bänder aus.

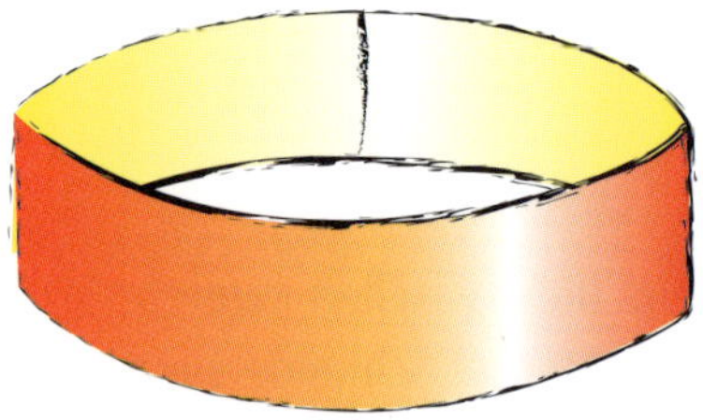

Klebe ein Band zu einem Ring. Führe das nächste Band in einer anderen Farbe durch den Ring und klebe die Enden erst dann zusammen. Verfahre so mit allen Streifen, sodass eine bunte Kette entsteht.

Damit kannst du dann den Weihnachtsbaum schmücken.

Tannenbaum

Und so gehts:
Lege die große Ausstechform auf die Rückseite der Wellpappe und zeichne die Konturen nach. Schneide den Baum aus.

Fertige noch einen zweiten Baum nach demselben Prinzip an.

Ziehe bei einem der beiden Bäume von der Spitze aus senkrecht bis zur Mitte eine Linie. Schneide den Baum entlang dieser Linie ein.

Bei dem anderen Baum ziehst du die Linie von unten bis zur Mitte. Die Schnitte müssen so breit sein, dass sich die Bäume ineinanderstecken lassen.

Gib etwas Klebstoff auf die Schnittkanten. Stecke die Bäume zusammen und lass sie trocknen.

Klebe dann kleine Sternchen auf die Bäume.

Gib etwas Klebstoff auf einige Stellen und streue den Glitzer darauf. Warte einen Moment und schüttele den überschüssigen Glitzer ab.

Dein Bäumchen wird blitzen, wenn Licht darauf fällt.

leicht

Material

Grüne Wellpappe
Große Ausstechform für Tannenbäume (etwa 15 cm Höhe)
Bleistift
Schere
Alleskleber
Glitzer
Kleine Sternaufkleber

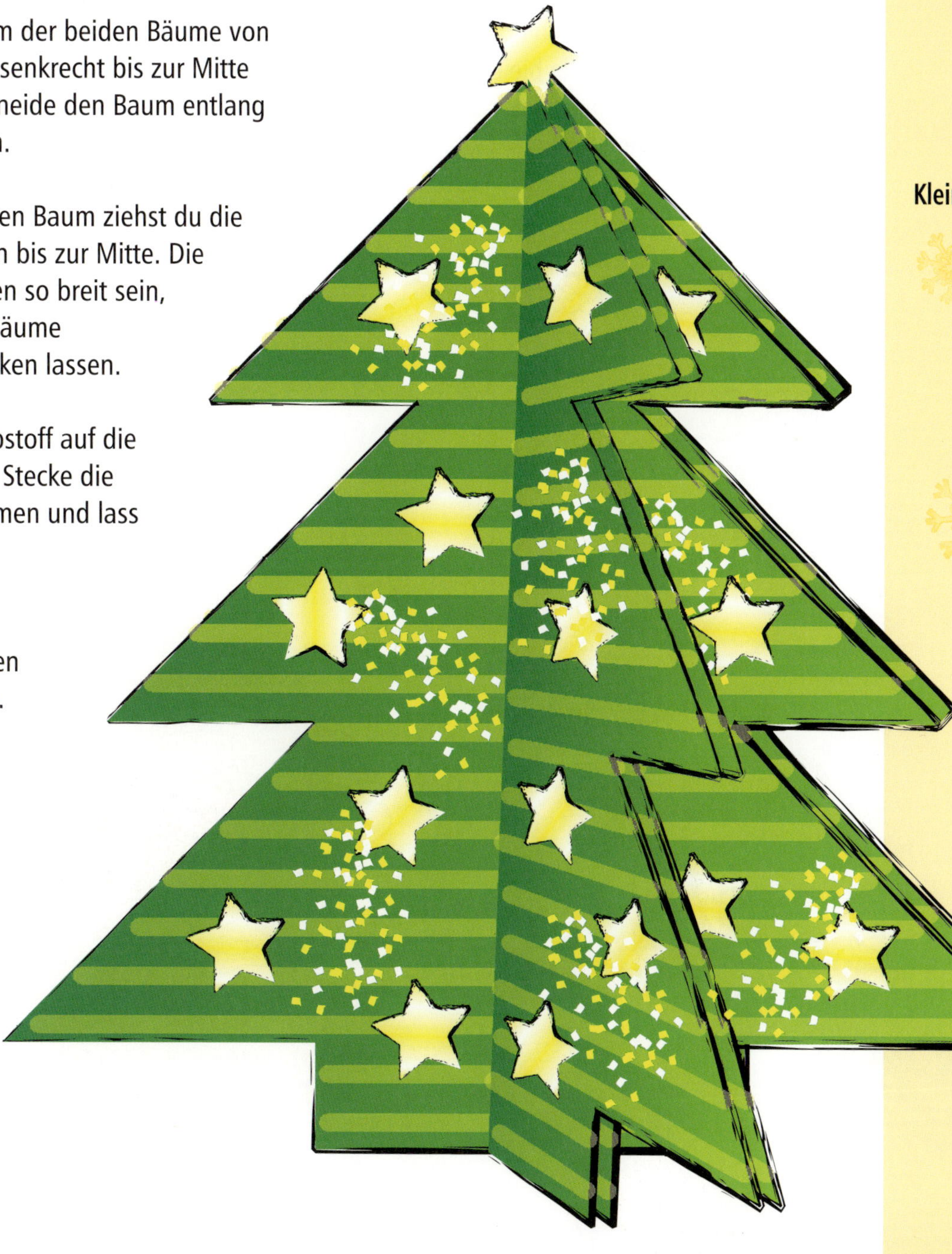

Wollige Weihnachtskugel

mittel

Material
Styropor®kugel
Bunte Wolle
Schere
Alleskleber
Kleine Perlen

Und so gehts:
Tupfe etwas Klebstoff oben auf die Kugel und verreibe ihn leicht mit den Fingern. Klebe dort den Anfang des Fadens fest.

Wickle nun die Wolle zweimal dicht an dicht um die Kugel. Bestreiche die Kugel dazu immer nur etappenweise mit dem Klebstoff. Sonst trocknet dieser zu schnell und die Wolle bleibt nicht kleben. Fädle während des Umwicklens ab und zu kleine Perlen auf.

Ist die Kugel ganz von Wolle umgeben, schneidest du den Faden so ab, dass ein langes Stück überhängt. Verknote diesen Faden zu einer Schlaufe. Daran kannst du die Kugel aufhängen.

Tipp:
Reinige deine Finger zwischendurch immer wieder, damit die Wolle nicht an deiner Hand, sondern auf der Kugel klebt!

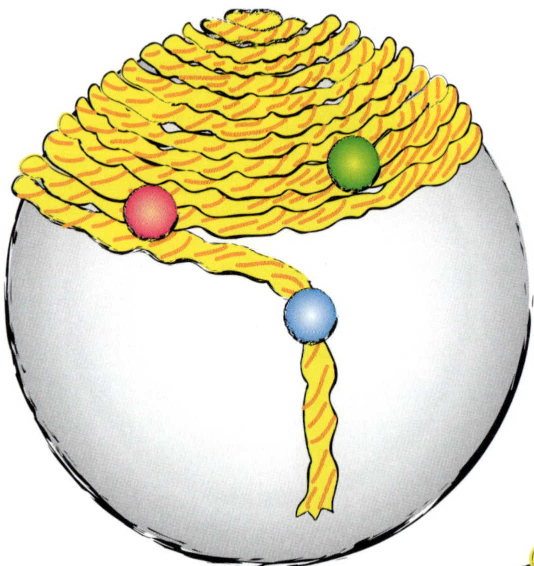

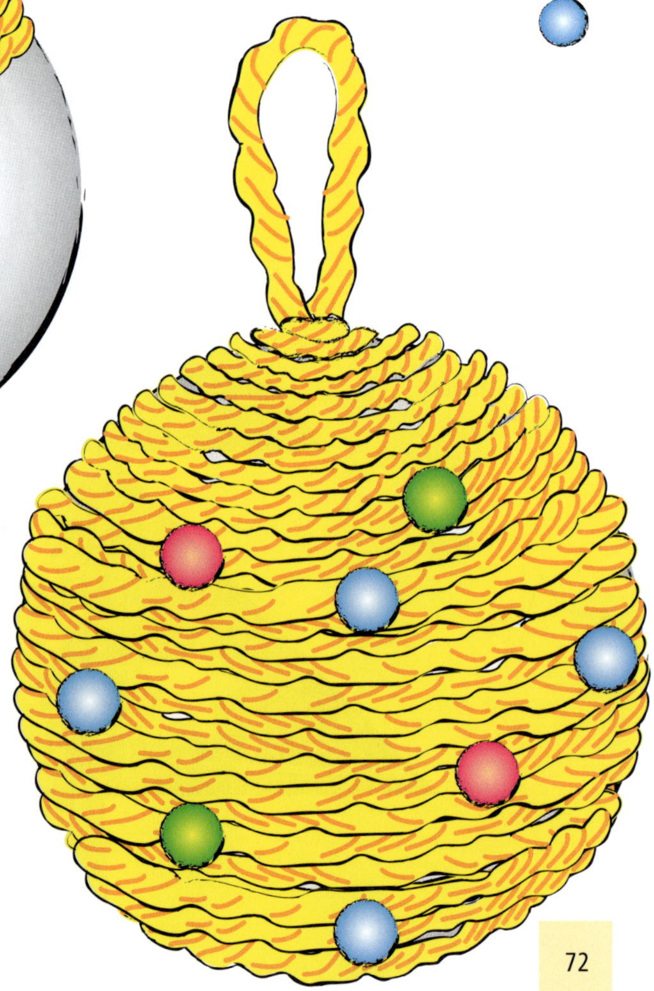

Goldene Tischlaterne

leicht

Material
Goldfolie
Lineal
Bleistift
Schere
Alleskleber
Teelicht

Und so gehts:
Schneide von der Goldfolie einen Streifen ab, der 20 Zentimeter lang und zwölf Zentimeter breit ist.

Falte diesen Streifen in der Mitte, sodass die beiden längeren Seiten aufeinanderliegen.

Zeichne auf einer der beiden langen Seiten mit dem Lineal eine Linie. Diese sollte durchgehend einen Zentimeter von der offenen langen Kante entfernt sein.

Schneide nun die Goldfolie von der geknickten Kante aus bis zur Linie ein. Die Schnitte sollten etwa einen Zentimeter voneinander entfernt sein.

Falte die Folie nun wieder auf. Klebe die beiden kurzen Seiten zusammen. Drücke die Klebestelle eine Minute mit den Fingern fest. Wenn der Klebstoff getrocknet ist, ist deine Laterne einsatzbereit: Stelle ein Teelicht hinein und zünde es mithilfe eines Erwachsenen an.

Achtung:
Lass die Laterne mit der brennenden Kerze auf keinen Fall unbeaufsichtigt!

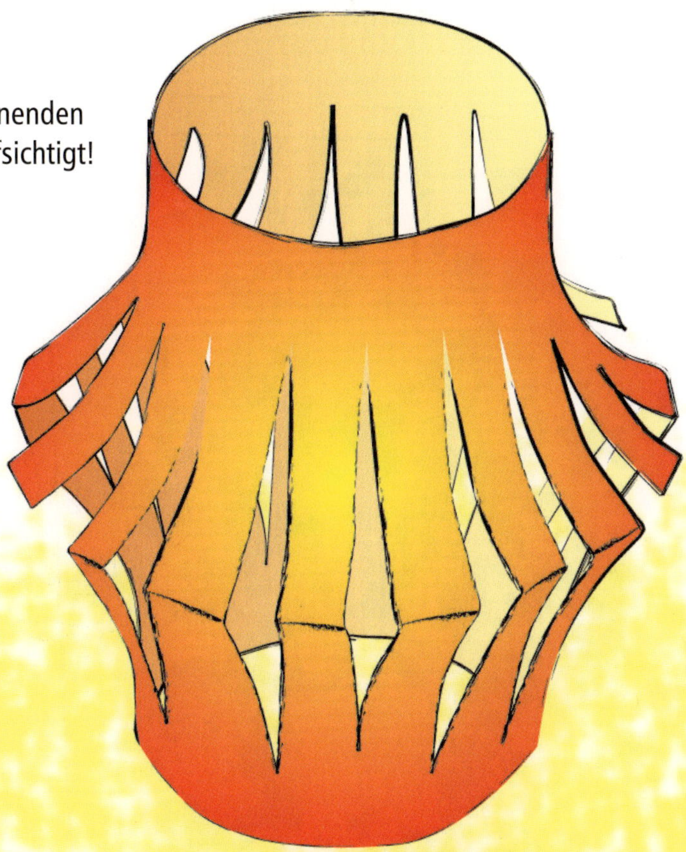

Sternenkarte

mittel

Material

Tonkarton (DIN A5)
Acryl- oder Aquarell-farben
Teesieb
Zahnbürste
Schere
Bleistift
Weißes Papier
Zeitungspapier als Unterlage

Und so gehts:
Lege den Tonkarton quer vor dich. Dann falte ihn von links nach rechts zu einer Karte zusammen. Lege diese Karte auf Zeitungspapier.

Schneide aus weißem Papier drei unterschiedlich große Sterne aus. Verteile sie auf der Vorderseite der Karte.

Rühre die Farbe an und tauche die Zahnbürste hinein. Nimm nun das Teesieb und halte es über die Karte. Streiche mit der Zahnbürste in dem Sieb hin und her – so wird die Farbe auf der Karte versprüht. Lass die Farbe trocknen.

Schneide weitere, kleinere Sterne aus. Verteile sie wieder auf der Karte und bespritze das Ganze erneut, jedoch mit einer anderen Farbe.

Nimm alle Sternchen ab, wenn die Spritzer trocken sind. Auf deiner Weihnachtskarte ist ein Sternmuster entstanden.

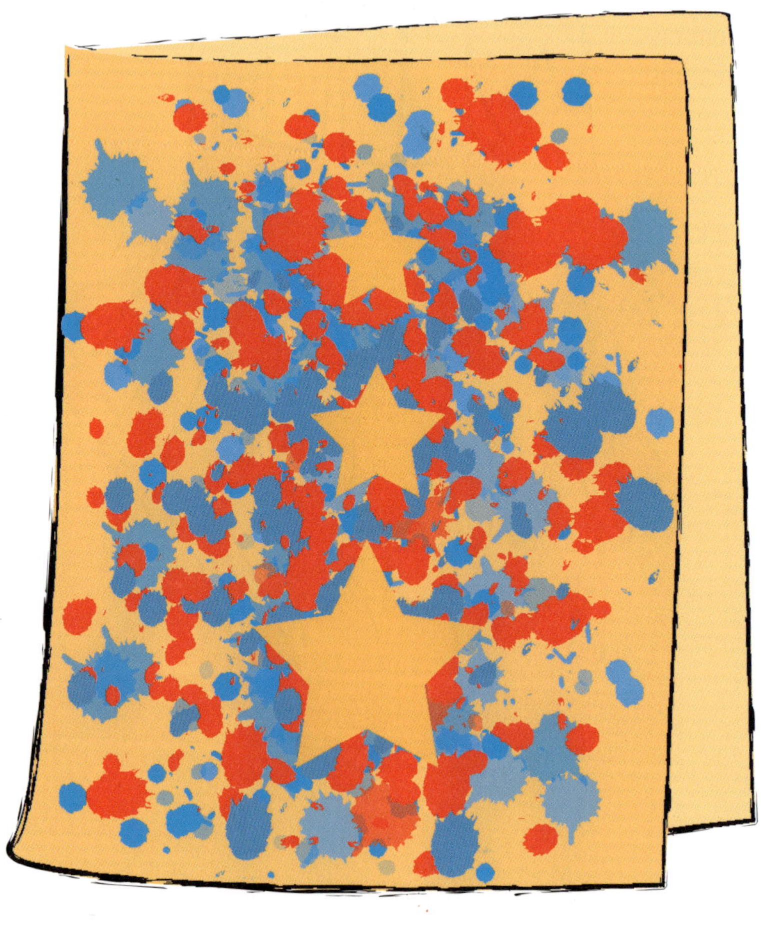

Tipp:
Wenn du anfängst, die Farbe durch das Sieb zu streichen, kann es erst einmal Patzer auf der Karte geben. Spritze deshalb die ersten Tupfer über Zeitungspapier.

Schneemann

Und so gehts:
Forme aus der weißen Knetmasse eine große und eine kleinere Kugel.

Stecke ein Ende eines Zahnstochers in die große, das andere Ende in die kleinere Kugel. Die Kugeln müssen direkt aufeinanderliegen. Die kleinere Kugel dient als Kopf, die größere als Körper.

Forme aus der orangefarbenen Knetmasse eine kleine Karotte für die Nase. Aus der roten Knetmasse formst du eine dünne Wurst für den Mund. Drücke zwei schwarze Perlen als Augen in das Gesicht des Schneemanns.

Brich ein Stück von einem Zahnstocher ab. Befestige damit die Karotte am Kopf wie zuvor die Kugeln aneinander. Drücke den Mund vorsichtig darunter fest.

Forme aus der schwarzen Knetmasse einen Hut. Rolle eine kleine Kugel und drücke sie platt. Forme zusätzlich eine kurze dicke Rolle.

Befestige diese mithilfe eines Modellierstabs auf der schwarzen Scheibe, indem du die Knetmasse etwas andrückst.

Befestige den Hut mit einem Stück Zahnstocher oben auf dem Kopf. Stecke zur Zierde noch einige Tannennadeln in den Hutrand.

Nun drückst du noch drei grüne Perlen untereinander vorn auf den Körper. Lackiere den Schneemann anschließend, damit er besser hält. Ist der Lack trocken, bindest du ihm einen Stoffstreifen als Schal um den Hals.

mittel

Material

Knetmasse in Weiß, Schwarz, Orange und Rot
2 kleine schwarze Perlen
3 kleine grüne Perlen
Zahnstocher
Messer
Schere
Klarlack
Pinsel
Alleskleber
Tannennadeln
Stoffrest

Anhänger aus Modelliermasse

mittel

Material

Weiße Modelliermasse
Ausstechformen
Schleifpapier (120er-Körnung)
Zahnstocher
Messer
Alufolie
Plakatfarben
Klarlack
Pinsel
Glitzer
Geschenkband
Frischhaltefolie
Nudelholz

Und so gehts:
Lege Frischhaltefolie über ein großes Brett. Schneide von der Modelliermasse ein Stück ab und lege es auf die Folie. Rolle es mit einem Nudelholz zu einem etwa zwei Millimeter dicken Rechteck aus. Durch die Frischhaltefolie klebt die Masse nicht an.

Stich mit den Ausstechformen Figuren aus und bohre mit einem Zahnstocher oben ein Loch hinein. Wackle mit dem Zahnstocher ein bisschen hin und her, damit das Loch etwas größer wird. Lege die Motive auf ein Stück Alufolie. Lass alles über Nacht an der Luft trocknen.

Glätte mit einem Stück Schleifpapier die Kanten und die Oberflächen der Figuren. Bemale sie im Anschluss nach Lust und Laune und verziere sie zusätzlich mit Glitzer.

Ist die Farbe getrocknet, bepinselst du alles mit Klarlack. Achte jedoch darauf, dass die Löcher zum Aufhängen frei bleiben. Lass den Klarlack gut trocknen.

Fädle das Geschenkband durch die Löcher und hänge die Motive auf.

Tipp:
Nimm die Modelliermasse erst kurz vor dem Verarbeiten aus der Packung, da sie sonst an der Luft austrocknet.

Weihnachtskarte mit Tannen

mittel

Material

Roter Tonkarton (DIN A5)

Tonpapier in verschiedenen Grüntönen

Bleistift

Schere

Glitzer oder Glitzerklebestift

Alleskleber

Und so gehts:
Lege den roten Tonkarton quer vor dich und falte ihn in der Mitte. So erhältst du eine Karte.

Kopiere die Vorlage für den Tannenbaum (Seite 139) und schneide sie aus. Lege sie auf die grünen Tonpapiere und übertrage mithilfe eines Bleistifts die Umrisse. Stelle so viele Tannenbäume her, wie du brauchst, und schneide sie aus.

Streue reichlich Glitzer auf einen Teller. Bestreiche die Tannenspitzen auf einer Seite mit Klebstoff und drücke sie vorsichtig in den Glitzer. Was nicht kleben bleibt, schüttelst du ab. Lass alle Bäumchen gut trocknen. Du kannst natürlich auch einen Glitzerkleber verwenden.

Ordne die Glitzerbäume auf der Vorderseite der Karte an. Sie können sich auch überlappen. Klebe sie fest und fertig sind deine Weihnachtskarten.

Tipp:
Neben Tannenbäumen kannst du auf die gleiche Weise natürlich auch andere Weihnachtsmotive auf deine Karten kleben, zum Beispiel Weihnachtskugeln, Glöckchen, Sterne oder Engel.

Hängender Weihnachtsmann

mittel

Material

Naturfarbene Holzperle mit Loch (2 cm Durchmesser)
Tonpapier in Rot und Orange
Biegeplüsch in Rot und Weiß
Weiße Acrylfarbe
Schere
Alleskleber
Rote Knetmasse
Schwarzer Filzstift
Roter Buntstift
Roter Faden

Und so gehts:

Schneide von dem roten und dem orangen Tonpapier je einen Streifen ab. Er sollte zwei Zentimeter breit und 35 Zentimeter lang sein.

Lege beide Streifen im rechten Winkel aufeinander. Dabei sollte der orange Streifen direkt unter dem roten liegen. Falte nun immer den unteren Streifen über den oberen: Zuerst wird also der orange über den roten gelegt, dann wieder der rote über den orangen. Mache dies so lange, bis alles gefaltet ist.

Male die Holzperle weiß an. Sie dient als Kopf. Lass die Farbe trocknen und forme aus roter Knetmasse eine kleine Kugel. Klebe sie als Nase auf die Holzperle. Zeichne mit dem Filzstift Augen und Mund, mit dem Buntstift rote Bäckchen.

Schneide vom weißen Biegeplüsch ein zwölf Zentimeter langes Stück ab. Knicke dieses Stück für den Hals genau in der Mitte. Stecke es doppelt durch das Loch der Holzperle. Beide Enden sollten unten einen Zentimeter herausstehen – sie bilden den Hals. Oben ragt der Plüsch drei Zentimeter heraus.

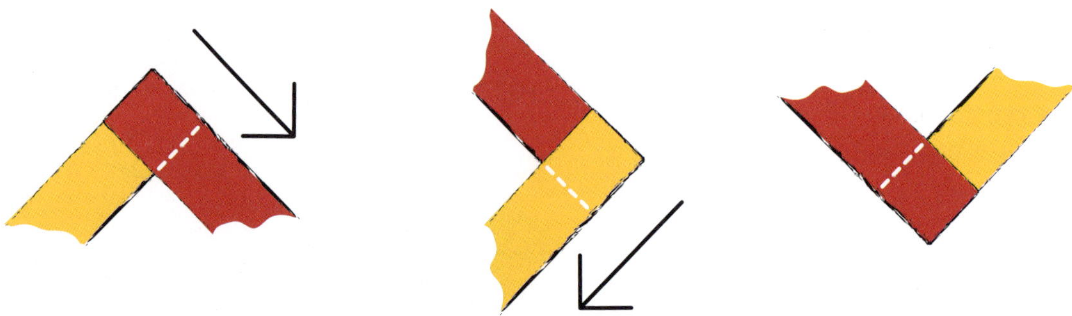

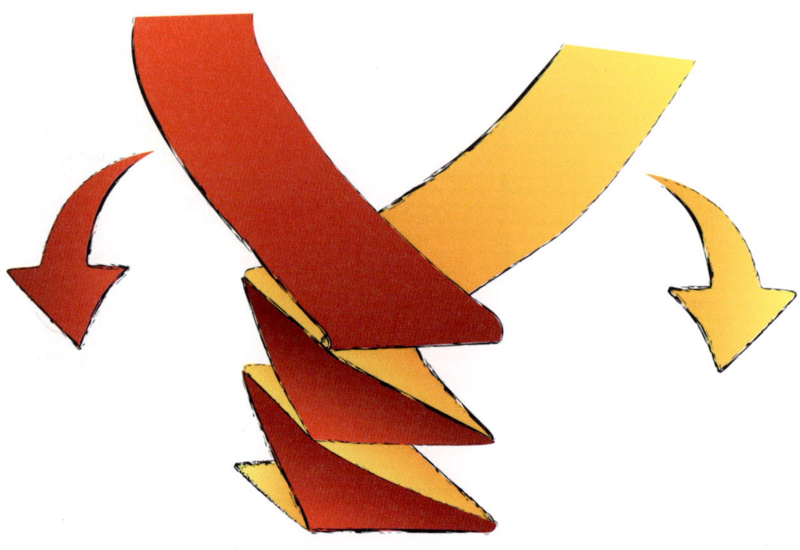

Schneide nun zwei sechs Zentimeter lange Stücke vom weißen Biegeplüsch ab. Wickle einen komplett um den Hals, sodass dieser etwas dicker wird. Klebe den anderen als Bart in das Gesicht.

Das Ende des weißen Biegeplüschs, das oben aus der Kugel ragt, wird die Spitze der Mütze. Schneide ein Stück des roten Biegeplüschs ab, das zwölf Zentimeter lang ist. Klebe es wie ein Stirnband um den Kopf herum. Ist der Klebstoff trocken, drehst du den Biegeplüsch als immer enger werdende Spirale bis zur Mützenspitze. Klebe das Ende an.

Klebe den Hals aus weißem Biegeplüsch auf das gefaltete Tonpapier. Warte, bis der Klebstoff trocken ist. Knote einen roten Faden an der Mütze fest.

Und schon kannst du deinen Weihnachtsmann aufhängen!

Nikolausstrumpf

mittel

Material

Alter roter Kniestrumpf
Watte
Weiße Filzreste
Kunststoff-Tannenzweige
Schleifen
Perlen
Rote Kordel
Alleskleber
Nadel und Garn
Bleistift
Schere

Und so gehts:
Schneide von der Kordel ein 20 Zentimeter langes Stück ab und forme daraus eine Schlaufe. Nähe die beiden losen Enden mit Garn gut an der Öffnung des Strumpfs an.

Beklebe nun die Öffnung außen rundherum mit Watte.

Zeichne mit Bleistift große Sterne auf den weißen Filz und schneide sie aus. Nähe sie anschließend am Strumpf fest.

Befestige mit Garn außerdem Tannenzweige aus Kunststoff, Perlen und kleine Schleifen. Sollten dir keine fertigen Schleifen aus dem Bastelladen zur Verfügung stehen, dann stelle dir aus einfachen Geschenkbändern selbst welche her.

Hänge deinen Strumpf nun an den Kamin oder draußen vor die Tür. Mal sehen, was dir der Nikolaus bringt!

Fensterkette „Mond und Sterne“

Und so gehts:
Zeichne einen Halbmond auf den Karton, der etwa 15 Zentimeter hoch ist. Zeichne außerdem noch fünf unterschiedlich große Sterne: Einer sollte acht Zentimeter groß sein, zwei fünf Zentimeter und zwei weitere drei Zentimeter. Schneide alle Figuren aus.

Lege den Halbmond auf die Silberfolie, zeichne ihn zweimal ab und schneide ihn aus. Die Sterne legst du auf die Goldfolie und machst es genauso.

Beklebe nun die Kartonfiguren auf beiden Seiten mit den passenden Folien. Verziere anschließend alle Teile zusätzlich mit den Klebesternen.

Bohre an der unteren Rundung des Monds mit einer Stopfnadel ein Loch. Knote ein langes Stück Goldfaden daran. Fädle eine Glitzerperle auf den Faden und verknote ihn darunter. So kann die Perle nicht wegrutschen.

Bohre nun an einer Spitze des großen Sterns ein Loch. Fädle den Faden vom Mond hindurch und verknote ihn. Knüpfe auf diese Weise alle Sterne aneinander. Zwischen den einzelnen Sternen kannst du immer wieder einige Perlen auffädeln.

Bohre in die obere Mondspitze ein Loch und fädle einen weiteren Faden hindurch. Knote ihn zu einer Schlaufe und hänge die Fensterkette daran auf.

mittel

Material
- Dünner Karton
- Bastelfolie in Gold und Silber
- Bleistift
- Schere
- Alleskleber
- Glitzerperlen
- Goldfaden
- Klebesterne in Gold und Silber
- Dicke Stopfnadel

Stoffengel

mittel

Material

Weißer Stoff (12 cm x 20 cm)
Watte
Alleskleber
2 schwarze, sehr kleine Glasperlen
Roter Buntstift
Goldenes Geschenkband
Selbstklebende Goldsternchen
Engelshaar
2 weiße Vogelfedern
Silberglitzer
Faden
Schere

Und so gehts:
Forme aus Watte eine Kugel, die etwa so groß ist wie eine Walnuss. Lege die Wattekugel mittig auf den Stoff. Binde den Kopf mit einem langen Faden ab. Knote das Ende des Fadens zu einer Schlaufe. Daran kannst du später deinen Engel aufhängen.

Klebe die beiden schwarzen Glasperlen als Augen an den Kopf. Male mit dem roten Stift einen Mund und rote Bäckchen.

Binde das goldene Geschenkband um den Hals des Engels. Klebe etwas Engelshaar auf den Engelskopf und darauf einen Goldstern. Verteile weitere Sternchen auf dem Engelskleid.

Schneide auf der Rückseite des Engelskleids zwei winzige Schlitze ein. Stecke als Flügel je eine weiße Feder in jeden Schnitt und klebe sie fest. Tupfe auf einige Stellen der Federn ganz vorsichtig etwas Klebstoff und streue Silberglitzer darüber.

Hänge deinen Engel am Weihnachtsbaum oder am Fenster auf.

Winternacht

Und so gehts:
Zeichne mit einem Bleistift Häuser und Tannenbäume auf den mittelblauen Tonkarton. Wenn du zufrieden bist, ziehst du die Linien mit einem schwarzen Filzstift nach.

Schneide aus weißem Tonpapier Stücke aus, die genauso groß sind wie die Dächer der Häuser. Klebe sie auf die entsprechenden Dächer. So sieht es aus, als seien sie mit Schnee bedeckt.

Schneide aus gelbem und orangefarbenem Tonpapier kleine Rechtecke oder Quadrate aus. Klebe sie als Fenster auf die Zeichnung.

Im Anschluss schneidest du längliche Streifen aus den Wattepads. Klebe sie auf die Äste der Tannenbäume, damit diese verschneit aussehen. Beklebe auch den Boden mit solchen Wattestreifen.

Schneide aus Gold- und Silberfolie einen Vollmond und verschieden große Sterne aus. Klebe den Mond am Himmel auf und verteile die Sterne um ihn herum.

Tupfe auf die Dächer, auf den Boden und auf die verschneiten Stellen der Bäume Alleskleber auf. Streue auf diese Stellen reichlich Glitzer. Was nicht kleben bleibt, schüttelst du ab.

Wenn der Klebstoff getrocknet ist, kannst du dein Bild einrahmen und aufhängen.

mittel

Material

Mittelblauer Tonkarton
Tonpapier in Weiß, Gelb und Orange
Schere
Bleistift
Schwarzer Filzstift
Klebestift
Alleskleber
Silberglitzer
Selbstklebende Folie in Gold und Silber
Wattepads

Adventskalender

mittel

Material

24 leere Streichholzschachteln
Weißer Filz
Filzreste
Perlen
Nadel und Faden
Glitzerstifte in Gold und Silber
Alleskleber
Klebepunkte
Schwarzer Filzstift
Dreieck aus Sperrholz (50 cm Höhe, 4 mm Stärke)
Grüne Plakat- oder Acrylfarbe
24 Nägel
Hammer

Und so gehts:
Lege die inneren und äußeren Teile der Streichholzschachteln getrennt vor dich hin.

Nimm die inneren Schachteln zur Hand und nähe an jeweils einer kurzen Seite ein Stück Faden an. Es sollte etwa drei Zentimeter lang sein. Befestige am losen Ende eine Perle. Damit kannst du später die Schachteln öffnen.

Schneide aus den bunten Filzresten 24 verschiedenfarbige Rechtecke aus. Sie sollten so groß sein, dass sie um die äußeren Schachteln herumpassen. Bestreiche jede Außenhülle mit Klebstoff und klebe einen Filzstreifen darum. Lass den Klebstoff gut trocknen. Stecke dann die Schachteln wieder zusammen.

Schneide für die Dächer 48 Dreiecke aus weißem Filz aus. Ihre Unterseiten sollten so breit sein wie die kurzen Seiten der Schachteln. Klebe die anderen beiden Seiten der Dreiecke zusammen. Das Ganze sieht nun aus wie kleine Mützen. Setze diese als Dach oben auf die noch freie kurze Seite der Schachteln und klebe sie dort gut fest.

Schneide aus gelbem oder orangefarbenem Filz pro Haus vier Fenster aus. Sie sollten einen Zentimeter breit und 1,5 Zentimeter hoch sein. Klebe sie auf und verziere sie mit silbernem Glitzerstift.

Ein Haus ist für den 24. Dezember gedacht. Daher bekommt es einen gelben Filzstern. Befestige ihn mit Klebstoff auf dem Dach und bestreiche ihn noch mit Goldglitzer. Ziehe durch alle Dachspitzen jeweils ein kurzes Stück Faden und verknote es zu einer Schlaufe.

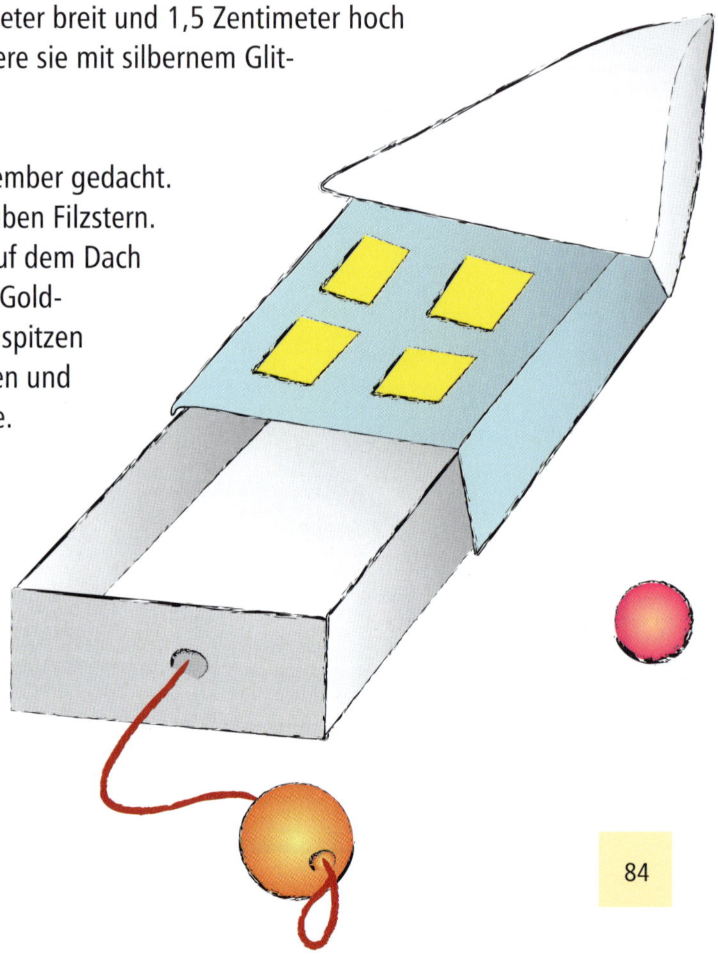

Beschrifte nun die kleinen Klebepunkte mit den Zahlen von eins bis 24 und bringe diese an den Häusern an.

Das Dreieck aus Sperrholz ist der Weihnachtsbaum. Male es grün an und lass es trocknen. Bitte nun einen Erwachsenen um Hilfe: Schlage gleichmäßig verteilt 24 Nägel in die Sperrholzplatte ein. Sie müssen noch etwas herausgucken.

Bevor du die Häuschen an die Nägel hängst, befülle die Schachteln mit kleinen Geschenken oder Schokolade. Und fertig ist der Adventskalender für deine Eltern, Geschwister oder Freunde!

Pailletten-Weihnachtsbaum

mittel

Material

Styropor®kegel
Grüne Plakat-Lackfarbe
Grüne Pailletten
Kleine, bunte Glasperlen
Kurze Stecknadeln
Lange Stecknadel
Große Goldperle
Pinsel

Und so gehts:
Male den Styropor®kegel grün an. Lass die Farbe gut trocknen.

Verziere nun den Baum mit Pailletten. Stecke dazu auf eine Nadel eine kleine Glasperle und dann eine Paillette. Dann drückst du das Ganze vorsichtig und gerade in den Styropor®kegel. Fahre damit fort, bis der gesamte Kegel mit Perlen und Pailletten bedeckt ist.

Als Spitze für deinen Weihnachtsbaum nimmst du eine große Goldperle. Befestige sie mit einer langen Stecknadel oben auf dem Kegel.

Tipp:
Bastle unterschiedlich große Pailletten-Bäume in verschiedenen Farben. Arrangiere sie auf einem großen Teller. Das sieht besonders schön aus.

Ostern

Osterkarten mit Fingerdruck

leicht

Material

Fotokarton in Weiß und Dunkelblau (DIN A5)

Acrylfarben in Weiß und Gelb

Wasserfester dünner Marker in Schwarz und Rot

Stofflappen

Pinsel

Und so gehts:
Lege den weißen Fotokarton quer vor dich. Falte ihn dann zu einer Karte.

Trage gelbe Farbe mit einem Pinsel auf deinen Zeigefinger auf und drücke ihn auf die Vorderseite der Karte. Trage nach jedem Aufdruck neue Farbe auf den Finger auf. Lass die Abdrücke gut trocknen.

Säubere währenddessen deine Finger mit einem feuchten Lappen gründlich und wasche den Pinsel gut aus.

Zeichne nun mit dem roten Marker Schnäbel und Flügel auf die gelben Flecken. Mit dem schwarzen malst du Augen und Füßchen – schon hast du Osterküken.

Falte dann den blauen Fotokarton zu einer Karte. Trage weiße Acrylfarbe auf deinen Finger auf und drücke ihn auf die Vorderseite der Karte auf. Lass die Farbe trocknen.

Mit schwarzem und rotem Marker entstehen daraus kleine Lämmchen. Male ihnen ein rotes Maul und schwarze Beine, Augen und Ohren.

Ostereier aus Wellpappe

Und so gehts:
Schneide zwei gleiche eiförmige Stücke aus der Wellpappe heraus. Die Laufrichtung der Rippen kann dabei unterschiedlich sein.

Verknote einen Faden zu einer Schlaufe zum Aufhängen. Lege das Ende mit dem Knoten zwischen die beiden Eihälften, bevor du sie zusammenklebst. Die wellige Seite ist dabei jeweils außen.

Ist der Klebstoff getrocknet, kannst du mit dem Verzieren der Ostereier beginnen. Klebe die Perlen, Glassteine und den Glitzer darauf.

leicht

Material
Wellpappe
Bleistift
Schere
Alleskleber
Faden
Perlen
Glassteine
Glitzer

Wolliges Osterlamm

leicht

Material

Weißer Tonkarton (DIN A5)
Naturweiße Märchenwolle
Schere
Alleskleber
Schwarzer Filzstift
Rotes Band
Glöckchen

Und so gehts:
Falte den weißen Tonkarton zu einer Karte. Kopiere die Vorlage von Seite 140 und schneide sie aus.

Lege die Lammvorlage auf das gefaltete Papier und zeichne sie nach. Kopf und Rücken müssen dabei genau an der Falzkante liegen. Schneide die übereinanderliegenden Teile gleichzeitig aus. Achte darauf, dass die Teile, die an der Falzkante liegen, nicht voneinander getrennt werden.

Zupfe von der Märchenwolle kleine Stränge. Ziehe sie in die Länge und forme kleine Knoten. Da du anschließend die beiden Seiten des Lämmchens damit bekleben musst, benötigst du sehr viele Knoten.

Bestreiche den Körper und die Beine des Lamms mit Klebstoff. Klebe die Knoten dicht nebeneinander auf. Das Gesicht und die Ohren bleiben frei.

Zeichne mit einem schwarzen Filzstift Augen und Nase auf beiden Seiten. Ziehe ein rotes Band durch den Aufhänger des Glöckchens. Klebe es am Hals des Lamms fest.

Ostereier zum Aufhängen

Und so gehts:
Male die leeren Eier mit Acrylfarben fantasievoll an. Lass die Farbe gut trocknen. Forme aus den Seidenpapierresten winzige bunte Kügelchen. Klebe sie rundherum auf die Eier und lass wieder alles gut trocknen.

Schneide von den Satinbändern etwa 50 Zentimeter lange Stücke ab. Mach an einem Ende einen Knoten und ziehe eine Holzperle auf.

Nimm nun ein längeres Holzstäbchen und führe damit das Band von unten nach oben durch das Ei. Achte darauf, dass das Ei dabei nicht beschädigt wird. Durch die Holzperle rutscht das Band nicht durch. An dem oberen Ende kannst du die Ostereier nun aufhängen.

leicht

Material
Leere weiße Eier
Acrylfarben
Pinsel
Seidenpapierreste
Alleskleber
Satinbänder
Holzperlen
Langes Holzstäbchen

Ostereier mit Kresse

leicht

Material

Leere weiße und braune Eier

Tonpapierreste in Hellbraun und Weiß

Wellpappereste

Watte

Alleskleber

Filzstifte

Kressesamen

Und so gehts:
Entferne zuerst vorsichtig die Deckel der Eier. Pass auf, dass die Schalen dabei nicht einreißen oder zerbrechen.

Schneide nun aus hellbraunem Tonpapier Hasenohren aus. Klebe je zwei von hinten an die braunen Eier. Male den Hasen mit Filzstift ein Gesicht auf.

Aus weißem Tonpapier schneidest du Schafsohren aus. Klebe zwei seitlich an die weißen Eierschalen. Zeichne auch den Schafen mit dem Filzstift Gesichter. Klebe Watte als Schafswolle an die weißen Eier.

Schneide von der Wellpappe Streifen ab. Sie sollten etwa 2,5 Zentimeter breit und zwölf Zentimeter lang sein. Klebe die Streifen zu Ringen zusammen. Wichtig ist, dass sie so eng sind, dass man die Eierschalen hineinstellen kann. Klebe die Eierschalen an den Ringen fest.

Fertige nun Wattekugeln an. Befeuchte sie etwas und lege sie in die Eierschalen. Jetzt kannst du die Kressesamen daraufstreuen.

Dann heißt es warten. Halte die Watte immer schön feucht, aber nicht zu nass. Nach etwa einer Woche wird die Kresse zu sprießen beginnen.

Osternest im Eierkarton

Und so gehts:
Für das Osternest benötigst du nur den unteren Teil des Eierkartons. Male ihn dunkelgrün an.

„Verkleide“ nun die Eier. Aus den beiden gelben werden Küken. Schneide dazu aus orangem Tonkarton zwei kleine Dreiecke aus. Falte sie einmal in der Mitte und klappe sie wieder etwas auseinander. Klebe sie als Schnäbel auf die gelben Eier. Male dann mit schwarzem Filzstift Augen auf.

Nun kommt das braune Ei an die Reihe. Aus ihm wird ein Hase. Schneide aus dem hellbraunen Tonkarton zwei Hasenohren aus. Aus dem beigen noch einmal zwei, die jedoch kleiner sein sollten. Diese klebst du als Innenohren auf die hellbraunen großen Ohren.

Klebe die fertigen Ohren hinten an das braune Ei. Male dem Hasen mit schwarzem Filzstift ein lustiges Gesicht.

Schneide aus dem orangen Tonkarton eine Möhre aus, aus dem grünen das Kraut dazu. Klebe die grünen Blätter von hinten oben an die Möhre. Klebe die Möhre schräg vorn auf das braune Ei.

Lege nun die Vertiefungen des Eierkartons mit dem Ostergras aus. Setze die gebastelten Küken und den Hasen hinein. In die restlichen freien Vertiefungen legst du Osternaschereien. Und fertig ist dein Osternest!

mittel

Material

6er-Eierkarton

3 hart gekochte Eier (2 gelb gefärbte, 1 braunes)

Tonkartonreste in Orange, Beige, Hellbraun und Grün

Dunkelgrüne Acrylfarbe

Schwarzer Filzstift

Klebstoff

Pinsel

Schere

Ostergras

Ostereierbecher

mittel

Material
Wellpappe
Tonkarton
Schere
Alleskleber
Acrylfarben
Pinsel
Tacker
Motivlocher

Und so gehts:
Schneide von der Wellpappe Streifen ab, die drei Zentimeter breit und 15 Zentimeter lang sind. Klebe jeden Streifen zu einem Ring zusammen. Tackere die Klebestelle zusätzlich fest, damit die Ringe besser halten.

Male bunte Punkte mit Acrylfarbe auf die Ringe und lass die Farbe gut trocknen.

Zeichne auf den Tonkarton einfache Blüten und schneide sie aus. Sie sollten vom Durchmesser her größer sein als die Wellpapperinge. Versieh jeweils eine Kante der Ringe mit Klebstoff und setze sie mittig auf die Blüten. Lass alles gut trocknen.

Stanze aus bunten Tonkartonresten mit dem Motivlocher verschiedene Bildchen aus. Klebe sie auf die Blüten und auf die Heftklammern an den Ringen.

Osteranhänger aus Filz

Und so gehts:
Zeichne auf das Papier ein etwa zehn Zentimeter großes Ei und schneide es aus. Kopiere außerdem den Hasenkopf von Seite 140 und schneide ihn aus.

Lege diese Vorlagen auf ein Stück Filz und zeichne die Umrisse jeweils zweimal mit dem Bleistift ab. Schneide alle vier Teile aus.

Stelle zuerst das Osterei her: Klebe dazu an eines der Filzeier mittig ein Stück Kordel. Daran wird das Ei später aufgehängt. Trage dann entlang dem Rand Klebstoff auf. Lass jedoch unten etwa ein Drittel unbedeckt. Klebe die beiden Eier zusammen. Das Stück ohne Klebstoff bleibt dabei offen.

Fülle das Filzei mit etwas Füllwatte und klebe dann den unteren Teil auch zusammen. Beklebe das fertige Filzei mit bunten Strasssteinen.

Fädle auf die Kordel, die aus dem Ei oben herausragt, bunte Perlen. Mache vor und nach jeder Perle einen Knoten, damit sie nicht verrutscht. Verknote die Kordel zu einer Schlaufe und hänge dein Osterei auf.

Das Häschen bastelst du genauso wie das Ei. Um die Ohren auch mit Watte zu füllen, stopfst du diese am besten vorsichtig mit einem Holzstäbchen hinein. Klebe dem Häschen zum Schluss Wackelaugen auf und zeichne mit schwarzem Filzstift Nase und Mund.

mittel

Material
Bastelfilz
Weißes Papier
Bleistift
Schere
Schwarzer Filzstift
Kordel
Füllwatte
Holzstäbchen
Alleskleber
Strasssteine
Perlen
Wackelaugen

Lustige Osterstecker

mittel

Material

2 Holzwäscheklammern
Acrylfarbe in Hellbraun und Grün
Pinsel
Filzreste in Hellbraun, Gelb, Orange und Grün
Alleskleber
Watte
Kleine rote Perle
Nylonfaden
Wackelaugen
2 Holzstäbchen

Und so gehts:
Bastle aus den beiden Wäscheklammern einen lustigen Osterhasen und eine Blume.

Male für den Hasen eine Wäscheklammer hellbraun an. Lass die Farbe gut trocknen. Schneide aus dem hellbraunen Filz zwei Hasenohren aus. Klebe sie oben auf die Wäscheklammer.

Darunter bringst du mit dem Klebstoff zwei Wackelaugen und die rote Perle als Nase an. Schneide sechs Stücke Nylonfaden ab und klebe sie als Haare um die Nase herum an.

Für die Blume bemalst du die zweite Wäscheklammer grün. Dann schneidest du aus dem gelbem Filz eine Blüte aus, die etwas größer ist als die Wäscheklammer. Schneide außerdem aus dem orangen Filz eine kleinere Blüte und aus dem grünen Filz ein Blatt aus.

Klebe die gelbe Blüte oben auf die Wäscheklammer. Die orange Blüte klebst du auf die gelbe. Das Blatt kommt darunter, wird aber an der Innenseite der Klammer befestigt.

Male nun ein Holzstäbchen braun und eines grün an. Lass die Farbe trocknen. Klebe sie dann von hinten an der jeweiligen Klammer fest. Nun kannst du deine Osterklammern zum Beispiel in einen Blumentopf stecken.

Bommeltiere

Und so gehts:
Aus Bommeln lassen sich besonders niedliche Ostertiere herstellen. Wie wäre es mit einem Küken und einem Schäfchen?

Fertige zunächst die Bommel an: Für das Küken benötigst du einen größeren und einen etwas kleineren gelben Bommel, für das Schaf einen großen weißen Bommel. Die Anleitung dazu findest du auf Seite 38.

Zeichne für das Schaf auf die Wattekugel mit schwarzem Filzstift ein Gesicht. Schneide aus dem weißen Filz zwei Schafsohren aus und klebe sie an die Wattekugel.

Bohre nun mit einer Stricknadel von unten nach oben ein Loch durch die Kugel. Lass dir dabei von einem Erwachsenen helfen. Fädle den Wollfaden des weißen Bommels auf die Stopfnadel und ziehe ihn durch das Loch. Mache oben einen Knoten. Nun sitzt der Kopf auf dem Körper.

Klebe einige Wollfäden als Haare an den Kopf. Um den Hals des Schafs bindest du ein rotes Band.

Um das Küken fertigzustellen, nähst du die beiden gelben Bommel mit dem Wollfaden der größeren Kugel aneinander. Achte dabei darauf, dass der lange Faden des kleinen Bommels oben ist. Daran wird das Küken später aufgehängt.

Schneide aus dem orangen Filz zwei kleine Dreiecke aus. Klebe sie so auf den kleinen Bommel, dass sie wie ein Schnabel aussehen. Bringe darüber zwei Wackelaugen an. Darüber hinaus benötigst du zwei Flügel und zwei Füße. Schneide sie ebenfalls aus dem orangen Filz aus. Klebe die Flügel seitlich und die Füße unten am großen Bommel an.

Jetzt sind deine Bommeltiere fertig und bereit zum Aufhängen!

mittel

Material

Wolle in Weiß und Gelb
Pappe
Bleistift
Zirkel
Schwarzer Filzstift
Wattekugel
Schere
Filzreste in Weiß und Orange
Stricknadel
Stopfnadel
Alleskleber
Wackelaugen
Rotes Band

Eierwärmer aus Filz

mittel

Material

Filz in Hellbraun, Dunkelbraun, Orange, Lila und Grün
Schere
Transparentpapier
Bleistift
Alleskleber
Weißer Filzstift
Wackelaugen

Und so gehts:
Vergrößere die beiden Vorlagen von Seite 140 mithilfe eines Kopiergeräts und schneide sie aus.

Lege die Eivorlage auf den orangen Filz und zeichne sie zweimal ab. Schneide beide Teile aus. Klebe sie anschließend so zusammen, dass die untere Hälfte offen bleibt.

Schneide aus dem lilafarbenen Filz eine Blüte aus, aus dem grünen Blätter. Klebe sie vorn auf den Eierwärmer.

Lege nun die Hasenkopfvorlage auf den dunkelbraunen Filz. Zeichne ihn ebenfalls zweimal an und schneide alles aus. Klebe beide Teile so aneinander, dass der Eierwärmer unten wieder offen ist.

Schneide aus dem hellbraunen Filz noch einmal zwei Hasenohren aus, die jedoch kleiner sind als die des Eierwärmers. Diese klebst du als Innenohren auf die großen Lauscher des Hasen.

Male dem Hasen mit weißem Filzstift eine Nase und je drei Haare links und rechts von ihr. Klebe rechts und links darüber die Wackelaugen auf.

Osterkranz

Und so gehts:
Flicht aus den Weidenzweigen einen Kranz. Umwickle ihn mit den bunten Bastbändern. Lass einige der Bastfäden einfach herunterhängen.

Bemale die ausgeblasenen Eier und lass sie trocknen. Verziere sie noch mit hübschen Aufklebern. Dann klebe sie vorsichtig auf dem Kranz fest.

Befestige nun zwischen den Eiern bunte Vogelfedern mit Klebstoff. Am besten tupfst du ihn auf den Kiel.

Ziehe einen langen Bastfaden auf der Rückseite durch die Zweige. Verknote die Enden miteinander und hänge den Kranz auf.

mittel

Material
Weidenzweige
Ausgeblasene Eier
Bast
Acrylfarben
Filzreste
Verschiedene Aufkleber
Alleskleber
Schere
Pinsel
Bunte Federn

Bunter Osterkorb

mittel

Material

Grünes Tonpapier
Tonpapierreste
Bleistift
Filzstifte
Schere
Alleskleber
Ostergras

Und so gehts:
Schneide aus dem Tonpapier ein Viereck aus. Es sollte 20 Zentimeter breit und ebenso hoch sein.

Falte es einmal quer und klappe es wieder auf. Falte es dann einmal längs und klappe es wieder auf. Nun hast du zwei Faltlinien. Falte nun jede Seite einmal zur Mittellinie und klappe sie wieder auf. Jetzt hast du 16 kleine Vierecke.

Schneide das Tonpapier auf zwei gegenüberliegenden Seiten an der Faltkante der äußeren Vierecke ein – allerdings nur bis zur nächsten Faltkante.

Klappe nun die so entstandenen langen Seiten an den Faltkanten hoch. Knicke jeweils die beiden äußeren eingeschnittenen Vierecke nach innen. Klappe dann die kurzen Seiten nach oben und klebe sie an den Vierecken fest. So entsteht ein Korb.

Zeichne auf das Tonpapier mehrere etwa zwei Zentimeter große Eier und schneide sie aus. Kopiere außerdem den Hasenkopf von Seite 140. Verkleinere ihn dabei jedoch so, dass er ungefähr vier Zentimeter hoch ist, und schneide ihn aus. Lege ihn auf das Tonpapier, zeichne ihn mehrmals ab und schneide alle Teile aus.

Male den Hasen mit Filzstift lustige Gesichter und verziere die Eier. Jetzt klebst du die Figuren außen auf den Rand des Osterkorbs. Lege noch Ostergras in den Korb und fülle ihn mit leckeren Osternaschereien.

Halloween

Gruselige Fensterkette

leicht

Material

Tonkarton in Orange und Schwarz
Bleistift
Weißer Buntstift
Schere
Alleskleber
Schwarzes Garn
Nähnadel
2 Wackelaugen

Und so gehts:
Kopiere die Vorlagen für den Kürbis und die Fledermaus auf Seite 140 und schneide sie aus.

Lege die Kürbisvorlage auf den orangen Tonkarton und zeichne sie zweimal mit dem Bleistift ab. Die Fledermausvorlage zeichnest du mit weißem Buntstift zweimal auf den schwarzen Tonkarton. Schneide alle vier Teile aus.

Male auf die Kürbisse gruselige Gesichter. Schneide dann die Augen, die Nase und den Mund mit der Schere aus. Klebe die Wackelaugen auf die Köpfe der Fledermäuse.

Jetzt kannst die Motive aufhängen. Fädle sie mit schwarzem Nähgarn untereinander auf und mache nach jedem Loch einen festen Knoten, damit die Figuren nicht wegrutschen.

Serviettengespenst

Und so gehts:
Knülle eine Papierserviette zu einer Kugel zusammen. Sie wird der Kopf des Gespensts.

Falte die andere Serviette auseinander und lege die Serviettenkugel in die Mitte. Binde den Kopf mit einem langen Stück weißen Faden ab und mache einen Knoten. Lass genug Faden für eine Schlaufe zum Aufhängen übrig.

Trenne die verschiedenen Lagen der Serviette unten voneinander. So wirkt das Gespenst flatterhafter. Klebe nun die schwarzen Glassteine als Augen an den Kopf.

Schneide einen kurzen Faden von der schwarzen Wolle ab und klebe ihn als Mund unter die Augen. Schon ist das Gespenst fertig!

Tipp:
Bastle mehrere Serviettengespenster und setze sie zu einem Mobile zusammen.

leicht

Material
2 weiße Papierservietten
Weißer Faden
2 kleine schwarze Glassteine
Alleskleber
Schwarze Wolle

Schaurige Trinkhalme

leicht

Material

Fotokarton in Rot und Weiß
Bleistift
Schwarzer Filzstift
Buntstifte
Schere
Trinkhalme

Und so gehts:
Kopiere die Vorlagen für den Vampir und das Teufelchen (Seite 141) und schneide sie aus.

Lege den Teufel auf den roten und den Vampir auf den weißen Fotokarton. Zeichne die Umrisse nach und schneide die Motive aus.

Male die Haare des Vampirs und die Hörner des Teufels schwarz an und zeichne ihnen gruselige Gesichter.

Schneide den Vampir und das Teufelchen am Mund ein und schiebe je einen Trinkhalm durch die Ritze. Und fertig sind deine schaurig-schönen Trinkhalme!

Tipp:
Du kannst natürlich auch andere Motive nehmen, beispielsweise eine Hexe und eine Fledermaus.

Luftballonspuk

leicht

Material
Luftballons
Leuchtklebebänder
Fluoreszierende Aufkleber
Schwarzer Filzstift
Faden

Und so gehts:
Blase die Luftballons auf.

Zeichne auf die Leuchtklebebänder mit schwarzem Filzstift Augen, Nasen und Münder. Schneide sie aus.

Drehe die Luftballons um, sodass die Tüllen nach oben zeigen. Klebe nun die zugeschnittenen Leuchtklebebänder so auf die Luftballons, dass gruselige Gesichter entstehen.

Verziere die Luftballons noch mit fluoreszierenden (im Dunkeln leuchtenden) Aufklebern, zum Beispiel mit Spinnen, Totenköpfen, Skeletten oder Gespenstern.

Binde an den Tüllen der Luftballons Fäden fest und hänge sie daran auf. Im Dunkeln leuchten diese unheimlichen Grimassen und jagen allen einen großen Schrecken ein.

Kürbisuntersetzer

leicht

Material

Oranger Moosgummi (3 mm Dicke)

Bleistift

Schere

Filzstift in Schwarz und Dunkelgrün

Und so gehts:
Die Kürbisuntersetzer sollten ungefähr einen Durchmesser von zehn Zentimetern haben. Vergrößere daher die Kürbisvorlage von Seite 140 beim Kopieren entsprechend. Schneide sie dann aus.

Lege die Vorlage auf den orangen Moosgummi, zeichne den Umriss nach und schneide das Motiv aus. Fertige so mehrere Kürbisse an.

Zeichne auf die Kürbisse mit schwarzem Filzstift gruselige Gesichter. Male die Stiele mit grünem Filzstift an.

Nun sind die Untersetzer einsatzbereit: Lege sie auf den gedeckten Tisch unter die Trinkgläser.

Vampirmaske

Und so gehts:
Vergrößere oder verkleinere die Vampirvorlage (Seite 141) mit dem Kopiergerät, bis sie so groß ist, dass die Maske auf dein Gesicht passt. Schneide sie aus und lege sie auf den weißen Karton.

Zeichne die äußeren Umrisse nach und schneide die Maske aus. Schneide dann aus der Vorlage Mund, Zähne, Haare und Augen aus. Lege den Mund auf den roten Tonkarton, die Zähne auf den weißen und die Haare auf den schwarzen. Zeichne wiederum die Umrisse ab und schneide die Formen aus.

Klebe alle Teile auf die Maske. Lege die Vorlagen für die Augen an die passenden Stellen auf das Vampirgesicht und zeichne die Umrisse nach.

Schneide dann die Löcher für die Augen aus. Umrande sie mit schwarzem Filzstift und versieh das Gesicht noch mit Augenbrauen und einer Nase.

Stanze mit dem Locher auf beiden Seiten je ein Loch. Hierdurch ziehst du die Bänder, mit denen du die Maske am Kopf befestigst.

mittel

Material
Tonkarton in Weiß, Schwarz und Rot
Bleistift
Schwarzer Filzstift
Schere
Alleskleber
Schwarze Bänder
Locher

Kürbis zum Aufhängen

mittel

Material

Tonpapier in Braun und Orange
Alleskleber
Bleistift
Schere
Filzstift in Schwarz und Grün
Braunes Garn
Nähnadel

Und so gehts:
Schneide von dem braunen und dem orangen Tonpapier je einen Streifen ab. Diese Streifen sollten zwei Zentimeter breit und 35 Zentimeter lang sein. Bastle daraus eine Hexentreppe. Die Anleitung dazu findest du auf Seite 78.

Kopiere die Kürbisvorlage von Seite 140 und schneide sie aus. Lege die Vorlage auf das orange Tonpapier und zeichne den Umriss nach. Schneide den Kürbis dann aus.

Zeichne dem Kürbis mit schwarzem Filzstift ein gruseliges Gesicht und male den Stiel grün an.

Klebe nun die Hexentreppe unten an den Kürbiskopf. Lass den Klebstoff trocknen. Dann ziehst du mithilfe der Nadel einen Faden durch den Stiel und hängst den Kürbis daran auf.

Halloweenlaterne

Und so gehts:
Nimm eine Hälfte der Käseschachtel zur Hand. Bestreiche den Außenrand mit Klebstoff. Klebe das Laternenpapier um die Schachtel herum. Die Enden des Papiers sollten sich etwas überlappen, den Rest des Papiers schneidest du ab. Klebe das Papier an der Überlappung der Länge nach zusammen, sodass eine Rolle entsteht.

Schneide aus der anderen Hälfte der Käseschachtel die Fläche heraus, sodass ein Ring übrig bleibt. Schneide diesen Ring durch und klebe ihn von innen an den oberen Rand der Laterne.

Klebe zum Schluss in der Mitte des Laternenbodens ein Teelicht fest. Und fertig ist die Halloweenlaterne!

Vorsicht! Lass die Laterne mit der brennenden Kerze darin niemals unbeaufsichtigt!

mittel

Material

Laternenpapier mit Halloweenmuster
Runde leere Käseschachtel
Schere
Bleistift
Lineal
Alleskleber
Teelicht

mittel

Material

Kleine Zierkürbisse

Küchenmesser

Kleiner Löffel

Teelichter

Kürbislichter

Und so gehts:
Suche dir kleine Zierkürbisse aus, die man hinstellen kann und in die ein Teelicht hineinpasst. Lass dir von einem Erwachsenen bei den folgenden Schritten helfen.

Schneide von den Kürbissen die Kappen mit einem scharfen Messer ab.

Kratze einen Teil des Fruchtfleischs mit einem kleinen Löffel aus.

Stelle zum Schluss ein Teelicht in den Kürbis und zünde es an. Schon hast du eine schaurig-schöne Halloweenstimmung.

Spinnenalarm

Und so gehts:
Kopiere die Spinnenschablone (Seite 142) und schneide die Vorlage aus. Übertrage sie auf den schwarzen Tonkarton und schneide die Spinne aus.

Schneide außerdem von dem roten Tonpapier Streifen für die Spinne ab. Klebe die Streifen auf den Spinnenkörper. Die Wackelaugen bringst du am Kopf an.

Befestige einen langen schwarzen Faden mit Klebeband auf der Rückseite des Spinnenkörpers. Verknote das andere Ende zu einer Schlaufe – fertig ist die gruselige Spinne!

Klebe ein großes Stück durchsichtige Plastikfolie mit Klebeband auf eine Fensterscheibe. Male nun mit einem wasserfesten schwarzen Filzstift ein großes Spinnennetz darauf.

Hänge zum Schluss die Spinne vor das Spinnennetz – mal sehen, ob sich deine Freunde beim Anblick der Riesenspinne erschrecken!

mittel

Material

Tonkarton in Schwarz und Rot

Bleistift

Alleskleber

2 Wackelaugen

Schwarzer wasserfester Filzstift

Große durchsichtige Plastikfolie

Klebeband

Schwarzer Faden

Halloweenmagnete

mittel

Material

Modelliermasse (zum Beispiel weißes Efaplast)
Bleistift
Schwarzer Filzstift
Schleifpapier
Messer
Frischhaltefolie
Alufolie
Zahnstocher
Messer
Plakatfarben in Orange, Dunkelgrün, Schwarz und Weiß
Klarlack
Pinsel
Alleskleber
Magnete
Holzbrett
Nudelholz

Und so gehts:
Kopiere die Vorlage für den Kürbis und die Fledermaus (Seite 140). Verkleinere sie jedoch dabei, sodass sie die perfekte Größe für deine Magnete haben, und schneide sie aus.

Schneide von der Modelliermasse ein Stück ab. Lege es auf ein großes Brett. Breite ein Stück Frischhaltefolie darüber und rolle die Masse mit einem Nudelholz zu einem etwa zwei Millimeter dicken Rechteck aus.

Lege deine Vorlagen auf die ausgerollte Modelliermasse. Ziehe die Umrisse vorsichtig mit einem Zahnstocher nach. Schneide die Figuren mit dem Messer aus. Lege anschließend ein Stück Alufolie darauf und lass sie über Nacht an der Luft trocknen.

Glätte dann mit einem Stück Schleifpapier die Kanten und Oberfläche der Figuren.

Male den Kürbis orange, den Stiel grün und die Fledermaus schwarz an. Lass die Farbe gut trocknen. Dann bekommt die Fledermaus weiße Augen mit je einem schwarzen Punkt in der Mitte. Zeichne noch einen weißen Mund. Male auf den Kürbis mit schwarzem Filzstift ein Gruselgesicht. Ist alles trocken, bepinselst du alle Teile mit Klarlack.

Jetzt brauchst du auf die Rückseite der Figuren nur noch kleine Magnete zu kleben und fertig sind deine kleinen Halloween-Kunstwerke!

Tipp:
Nimm die Modelliermasse erst kurz vor dem Verarbeiten aus der Packung, da sie sonst zu schnell an der Luft austrocknet.

Einladung zur Halloweenparty

Und so gehts:
Lege den weißen Tonkarton quer vor dich hin und falte ihn zu einer Karte.

Kopiere die Kürbis- und die Fledermaus-Vorlagen von Seite 140 in verschiedenen Größen und schneide sie aus.

Lege die Kürbisse auf das orange Tonpapier und die Fledermäuse auf das schwarze. Übertrage alle Teile mit dem Bleistift und schneide die Figuren aus.

Zeichne auf den Kürbis mit schwarzem Filzstift eine Fratze. Mit dem grünen Filzstift malst du den Stiel an. Die Fledermaus erhält mithilfe des weißen Buntstifts ein Gesicht.

Ordne die Motive auf der Vorderseite der Karte an und klebe sie fest. Wenn der Klebstoff trocken ist, kannst du die Einladungskarte beschriften.

mittel

Material

Weißer Tonkarton (DIN A5)

Tonpapier in Orange und Schwarz

Bleistift

Weißer Buntstift

Schere

Alleskleber

Filzstift in Schwarz und Grün

Ausgehöhlter Kürbis

schwer

Material
Kürbis
Spitzes Küchenmesser
Esslöffel
Schwarzer Filzstift
Teelicht

Und so gehts:
Führe diese Anleitung unbedingt mithilfe eines Erwachsenen aus. Zeichne zuerst oben auf dem Kürbis mit dem Filzstift einen Deckel auf und schneide ihn mit einem Messer ab. Das Messer wird dabei leicht schräg angesetzt.

Jetzt kannst du den Deckel abheben und den Kürbis aushöhlen. Verwende dazu einen großen Löffel. Kratze so viel Fruchtfleisch wie möglich aus. Je dünner die Außenwand ist, desto besser scheint später das Kerzenlicht hindurch.

Im Anschluss bekommt der „Hohlkopf" sein Gesicht. Zeichne mit dem schwarzen Filzstift Augen, Nase und Mund auf den Kürbis. Schneide sie mit dem scharfen Küchenmesser aus.

Zum Schluss setzt du ein Teelicht auf den Kürbisboden und schon kann die Gruselparty losgehen!

Muttertag

Herzstecker

leicht

Material

Modelliermasse (zum Beispiel weißes Efaplast)
Ausstechformen für Herzen
Schleifpapier
Frischhaltefolie
Nudelholz
Alufolie
Lange, dünne Holzstäbchen
Plakatfarben in Rosa, Rot und Lila
Klarlack
Pinsel
Alleskleber
Geschenkbänder in Rosa, Rot und Lila

Und so gehts:
Schneide von der Modelliermasse ein Stück ab und lege es auf ein großes Brett. Darauf legst du ein großes Stück Frischhaltefolie. Rolle die Masse mit einem Nudelholz zu einem etwa drei Millimeter dicken Rechteck aus.

Stich nun mit den Ausstechformen mehrere Herzen aus. Stecke anschließend je ein Holzstäbchen etwa einen bis zwei Zentimeter tief in die untere Spitze der Herzen. Lege nun alle Herzen auf ein Stück Alufolie und lass sie über Nacht an der Luft trocknen.

Glätte dann mit einem Stück Schleifpapier die Kanten und Oberfläche der Herzen.

Bemale sie mit den Plakatfarben. Sind sie trocken, bestreiche sie mit Klarlack.

Fertige kleine Schleifen aus den Geschenkbändern an und klebe sie unten an den Herzen fest. Die fertigen Stecker kannst du zu Blumen in den Topf stecken.

Blumenstrauß aus Krepppapier

leicht

Material

Krepppapier in verschiedenen Farben

Dunkelgrüner Biegeplüsch

Blumendraht

Schere

Satinband

Und so gehts:
Schneide für eine Blüte drei sechs Zentimeter breite Streifen Krepppapier ab: Diese Streifen sollten 15, 25 und 30 Zentimeter lang sein und jeweils unterschiedliche Farben haben.

Raffe zuerst den kurzen Streifen unten zusammen. Lege dann den mittleren Streifen darum herum und raffe auch ihn. Dabei muss der Rand des inneren Streifens etwas höher liegen als der neue. Zum Schluss machst du das Gleiche mit dem langen Streifen.

Umwickle die fertige Blüte unten mit Blumendraht, damit die Teile zusammenhalten.

Schneide vom Biegeplüsch zwei etwa 15 Zentimeter lange Stücke ab. Verdrehe sie für den Blumenstängel ineinander. Biege für die Blätter zwei kürzere Biegeplüschdrähte zu Schlaufen und befestige die Enden der Blätter einfach am Stängel.

Befestige nun die Blüte mit Blumendraht oben auf dem Stängel. Umwickle die Stelle mit einem Stück grünem Biegeplüschdraht – fertig ist die Blume!

Bastle nach demselben Prinzip weitere Blumen. Ordne sie zu einem Strauß an und binde sie mit dem Satinband zusammen.

Herzkarte

leicht

Material
Rosa Fotokarton
Rote Wellpappe
Bleistift
Schere
Locher
Dünnes Stoffband
Dünner, silberner Filzschreiber

Und so gehts:
Kopiere die Herzvorlage von Seite 142 und schneide sie aus. Lege sie auf den rosa Fotokarton, zeichne den Umriss nach und schneide das Herz aus.

Lege dann die Herzvorlage auf die glatte Rückseite der roten Wellpappe und stelle ebenso wie beim Fotokarton ein Herz her.

Lege beide Herzen übereinander. Achte dabei darauf, dass die wellige Seite der Wellpappe nach außen zeigt. Stanze mit einem Locher in beide Teile links und rechts an den Außenseiten zwei Löcher.

Zerschneide nun das rote Herz aus Wellpappe in der Mitte. Stanze an den soeben aufgeschnittenen Seiten mittig ebenfalls zwei Löcher ein.

Binde nun die roten Herzhälften am rosa Tonkartonherz fest. Lege dazu wieder beide Herzen übereinander und schneide das dünne Stoffband in kleine Stücke. Ziehe durch jedes Loch an der Außenseite ein Band und binde es zu einer hübschen Schleife.

Schreibe nun mit dem Silberstift einen lieben Gruß an deine Mutter in die Karte. Klappe sie zusammen. Ziehe dann zwei Stoffbändchen durch die beiden mittigen Löcher in der roten Wellpappe und binde sie zu Schleifen.

Und schon kannst du die Herzkarte deiner Mutter überreichen.

Windlicht mit Glassteinchen

Und so gehts:
Tupfe auf das Windlichtglas winzige Tropfen Klebstoff und klebe gleichmäßig verteilt Glassteine auf.

Tupfe dann auf die übrigen freien Stellen weitere winzige Tropfen Klebstoff und beklebe diese Flächen dicht an dicht mit bunten Pailletten. Lass den Klebstoff gut trocknen.

Stelle nun ein Teelicht in das Glas. Zünde es an und überreiche es deiner Mutter als Geschenk. Wenn es dunkel ist, entstehen ganz tolle Lichteffekte.

leicht

Material
Windlichtglas
Glassteine in Blüten- oder Herzform
Bunte Pailletten
Alleskleber
Teelicht

Herzchen-Klemmen

leicht

Material
Holzwäscheklammern
Acrylfarben
Pinsel
Filz- oder Moosgummireste
Alleskleber

Und so gehts:
Bemale die Wäscheklammern mit den Acrylfarben und lass sie trocknen.

Schneide aus Filz oder Moosgummi Herzen in verschiedenen Größen und Farben aus.

Klebe je ein kleines auf ein großes Herz. Achte darauf, dass die beiden Herzen unterschiedliche Farben besitzen. Bastle auf diese Weise mehrere Herzen.

Klebe die fertigen Herzen auf die bemalten Wäscheklammern. Die Klemmen eignen sich sehr gut zum Verzieren von Muttertagsgeschenken.

Gesteck aus Wellpappe-Herzen

Und so gehts:
Male den Blumentopf mit rosa Acrylfarbe an. Ist die Farbe trocken, beklebe den Topf mit bunten Gleissteinchen.

Stelle nun die Herzstecker her. Schneide dazu aus der bunten Wellpappe Herzen aus. Benutze als Schablone unterschiedlich große Herz-Ausstechformen.

Für jeden Herzstecker benötigst du vier Herzen: zwei große und zwei kleine, je in gleicher Farbe. Klebe jeweils ein kleines Herz mittig auf die wellige Seite des großen Herzens.

Nimm nun einen langen Biegplüschdraht. Bestreiche die glatten Innenseiten der beiden Herzen mit Klebstoff und klebe sie passgenau so zusammen, dass sich der Biegeplüsch dazwischen befindet.

Bastle auf diese Weise weitere Herzstecker in unterschiedlichen Farbkombinationen.

Gib dann die Blumensteckmasse in den Blumentopf. Stecke abwechselnd Zweige mit grünen Blättern und die Herzstecker hinein. Zuletzt streust du die Kieselsteine in den Topf, damit man die Blumensteckmasse nicht mehr sieht.

mittel

Material

Bastelwellpappe in verschiedenen Farben
Kleine und große Ausstechformen für Herzen
Bleistift
Schere
Klebestift
Biegeplüsch in verschiedenen Farben
Kleiner Blumentopf
Bunte Glassteine
Alleskleber
Rosa Acrylfarbe
Pinsel
Blumensteckmasse
Zweige mit grünen Blättern
Kieselsteine

Moosherz

mittel

Material

Moos
Pappe
Tonpapier in Rosa, Lila und Gelb
Schere
Bleistift
Alleskleber
Rosa Satinband
Klebeband

Und so gehts:
Kopiere die Herzvorlage von Seite 142 und schneide sie aus. Lege die Vorlage auf die Pappe, zeichne sie nach und schneide sie aus.

Bestreiche das Herz mit Klebstoff und klebe das Moos auf die Pappe. Sie soll ganz dicht mit Moos bedeckt sein. Achte darauf, dass die Moosblättchen nach oben zeigen. Schneide überstehende Moosblättchen ab, damit die Oberfläche gleichmäßig aussieht.

Schneide aus rosa und lila Tonpapier mehrere kleine Blüten, aus gelbem Tonpapier genauso viele kleine Kreise aus. Klebe in die Mitte jeder Blüte einen gelben Kreis.

Verteile die Blüten über das Moosherz und klebe sie fest. Lass den Klebstoff gut trocknen.

Fertige kleine Schleifen aus dem rosa Satinband und klebe sie zwischen die Blüten.

Verknote zum Schluss ein längeres Satinbändchen zu einer Schlaufe. Befestige es mit mehreren Lagen Klebefilm oben auf der Rückseite des Moosherzens. Jetzt kannst du es aufhängen.

Blumenbild

Und so gehts:
Schneide für eine Blüte eine Vertiefung aus dem Eierkarton heraus, sodass du ein Becherchen erhältst. Schneide rundherum große Zacken in den Rand.

Bemale die Blüte außen und innen in unterschiedlichen Farben. Lass alles gut trocknen. Trage dann in einer anderen Farbe außen und innen dünne Linien auf. Ziehe sie direkt zwischen den Zacken, um die Blütenblätter anzudeuten.

Zeichne auf den grünen Fotokarton einen Stängel, der oben spitz zuläuft, und einige Blätter. Schneide alles aus.

Stich unten in die Blume mit der Schere vorsichtig einen kleinen Schlitz. Stecke das spitze Ende des Stängels hindurch. Klebe ihn mit Klebeband fest. Nun ist die Blume fertig.

Bastle mehrere solcher Blumen. Ordne sie auf dem großen cremefarbenen Fotokarton zu einem Strauß an. Klebe die Blumen nacheinander an. Streiche dazu eine Seite der Stängel und der Blüte mit Klebstoff ein und befestige sie auf der Unterlage.

Wenn der Klebstoff trocken ist, kannst du den Rahmen anbringen.

schwer

Material
Eierkarton
Grüner Fotokarton
Plakatfarben
Pinsel
Schere
Klebeband
Alleskleber
Großer cremefarbener Fotokarton
Bilderrahmen

Karte mit durchsichtigen Herzen

mittel

Material

Tonkarton in Weiß (DIN A5)
Bleistift
Seidenpapier in verschiedenen Farben
Weißes Tonpapier
Klebestift
Alleskleber
Papiermesser
Schere
Kleine Glitzersteine

Und so gehts:
Lege den weißen Tonkarton quer vor dich. Falte ihn dann zur Karte.

Falte die Karte wieder auseinander. Zeichne auf die Vorderseite mit Bleistift mehrere kleine Herzen und schneide sie mit dem Papiermesser aus.

Schneide aus den verschiedenen Seidenpapieren Stücke aus, die größer sind als die Herzen in der Karte.

Klebe hinter jedes Herz in der Karte ein Stück Seidenpapier. Schneide aus dem restlichen weißen Tonpapier ein Stück aus, das genau auf die Karte passt. Klebe es auf die Rückseite der bunten Herzen, damit man die Ränder der Papierstücke nicht sieht.

Wenn der Klebstoff trocken ist, kannst du die Herzen auf der Vorderseite verzieren. Tupfe um jedes Herz herum winzige Tropfen Klebstoff und klebe Glitzersteinchen in der passenden Farbe auf. Zum Schluss kannst du die Karte auf der Innenseite zum Muttertag beschriften.

Kinderpartys

Krepppapier-Girlande

leicht

Material
Krepppapier in verschiedenen Farben
Schere
Alleskleber

Und so gehts:
Schneide von jeder Krepppapierrolle zwei Zentimeter breite Streifen ab.

Rolle die Streifen auseinander. Klebe dann immer zwei verschiedenfarbige Streifen an einem Ende im rechten Winkel aufeinander.

Bastle daraus Hexentreppen wie auf Seite 78 beschrieben. Fertige viele bunte Girlanden und hänge sie in dem Zimmer auf, in dem die Party stattfindet.

Fähnchen-Girlande

Und so gehts:
Falte verschiedene Bögen Geschenkpapier einmal in der Mitte.

Zeichne nun mit Bleistift ein Dreieck auf das Papier – die breite Seite bildet dabei die Faltkante. Schneide das Dreieck aus, lass aber die Faltkante unversehrt. Fertige so viele weitere bunte Dreiecke in unterschiedlichen Größen.

Nimm die Schnur zur Hand und bestimme, wie lang deine Girlande werden soll. Schneide die Schnur entsprechend ab. Nun streichst du von innen auf die Faltkante eines Dreiecks Alleskleber.

Lege die Schnur darauf und drücke sie an. Klebe auf diese Weise alle Dreiecke nebeneinander auf die Schnur. Ist die Schnur voll, kannst du sie als Girlande aufhängen.

leicht

Material

Buntes Geschenkpapier
Bleistift
Alleskleber
Schere
Lange Schnur

Ziehharmonika-Girlande

leicht

Material

Mehrere Bögen buntes Papier (DIN A4)
Schere
Klebstoff
Nadel und Faden

Und so gehts:
Lege einen Bogen Papier quer vor dich. Falte ihn der Länge nach so, dass die Teile genau aufeinanderpassen: Knicke zuerst das obere Drittel nach unten, dann das untere Drittel nach hinten. Nun ist das Papier wie eine Ziehharmonika gefaltet.

Schneide nun das zusammengefaltete Papier abwechselnd von beiden Seiten ein. Schneide dabei bis zur Mitte. Falte dann das Papier vorsichtig wieder auseinander.

Fertige auf diese Weise noch weitere Teile an. Klebe sie mit den kurzen Seiten aneinander. Ist der Klebstoff getrocknet, ziehe die Girlande sehr vorsichtig auseinander. Bringe an beiden Enden mithilfe einer Nadel Fäden an und hänge die Girlande daran auf.

Fruchtige Glasaufstecker

Und so gehts:
Kopiere die Vorlagen von Seite 136 und schneide sie aus. Lege nun die einzelnen Teile auf die entsprechenden Tonkartons: den Apfel auf den roten, die Birne und die Banane auf den gelben und die Trauben auf den lilafarbenen. Zeichne die Umrisse nach und schneide die Teile aus.

Lege dann die Stiele und Blätter auf den grünen Tonkarton. Zeichne sie ebenfalls an und schneide sie aus.

Klebe die Stiele und Blätter an das Obst und lass das Ganze trocknen. Zeichne außerdem mit schwarzem Filzstift die einzelnen Trauben an. Schneide dann alle Früchte von unten zweimal etwa zwei Zentimeter tief ein. Klappe das Mittelstück etwas nach hinten.

So kannst du die Früchte auf die Ränder der Gläser stecken.

Tipp:
Bastle für jeden Gast einen Aufstecker, damit die Gläser nicht verwechselt werden können.

leicht

Material
Tonkarton in Rot, Gelb, Lila und Grün
Bleistift
Schwarzer Filzstift
Schere
Alleskleber

Bunte Namenssteine

leicht

Material

Mittelgroße, glatte Steine

Acrylfarben

Pinsel

Klarlack

Und so gehts:
Für diese Anleitung benötigst du mehrere mittelgroße Steine, die auf einer Seite flach aufliegen. Bemale sie mit deinen Lieblingsfarben. Lass die Farbe gut trocknen.

Schreibe in einer jeweils anderen Farbe die Namen deiner Gäste auf die einzelnen Steine. Ist die Schrift getrocknet, verzierst du die Steine noch. Male Sonnen, Sternchen, Punkte oder Blümchen darauf.

Lass die Farben wiederum gut trocknen. Bestreiche die Steine dann mit Klarlack, damit die Farben geschützt sind.

Verwende sie auf deiner Party als Tischkarten oder gib sie deinen Gästen als Geschenk mit nach Hause.

Tierische Serviettenringe

Und so gehts:
Schneide mit dem Brotmesser von den leeren Papprollen pro geladenen Gast einen Ring ab. Jeder Ring soll etwa drei Zentimeter breit sein.

Klebe den Anfang eines Geschenkbands innen an einem Pappring fest. Lass den Kleber trocknen. Wickle dann das Band von außen nach innen um den Ring herum, bis er vollständig bedeckt ist.

Schneide das Band ab und klebe das Ende innen fest. Fertige mehrere solcher Ringe an.

Zeichne verschiedene Tiere mit Bleistift auf Papier und schneide sie aus. Lege die Vorlagen auf die Moosgummireste und ziehe die Umrisse nach. Schneide die Figuren aus und klebe jeweils eine auf jeden Ring.

Zeichne mit Filzstift Gesichter darauf. Zur Verzierung beklebst du sie noch mit Perlen und Pailletten.

mittel

Material
Leere Küchen- oder Toilettenpapierrollen
Geschenkbänder
Moosgummireste
Brotmesser
Schere
Alleskleber
Bleistift
Schwarzer Filzstift
Bunte Perlen
Pailletten

Einladungskarten mit Luftballons

mittel

Material
Weißer Tonkarton (DIN A5)
Tonpapierreste
Bleistift
Schere
Klebestift
Schwarzer Filzstift

Und so gehts:
Lege den weißen Tonkarton quer vor dich und falte ihn zu einer Karte.

Zeichne auf die bunten Tonpapierreste fünf Luftballons. Schneide sie aus. Ordne sie auf der Vorderseite der Karte an und klebe sie fest. Male mit schwarzem Filzstift Halteschnüre unten an die Ballons. Sie sollten zu einem Bündel zusammenlaufen.

Zeichne nun eine Schleife (siehe Vorlage unten) auf die Tonpapierreste und schneide sie aus. Klebe sie auf die Bänder. Innen schreibst du dann deinen Einladungstext.

Fertige für jeden deiner Gäste eine Einladung an.

Tipp:
Du kannst die Luftballons auch aus farbiger Wellpappe gestalten.

Partygeschirr mit Kartoffeldruck

mittel

Material
Weiße Pappbecher
Weiße Papierservietten
Weiße Pappteller
Acrylfarben
Große Kartoffel
Messer
Bleistift
Ausstechformen
Stofflappen
Pinsel
Küchenpapier

Und so gehts:
Schneide eine saubere Kartoffel in der Mitte durch. Achte darauf, dass die Schnittfläche glatt und gerade ist.

Stich eine Ausstechform für Plätzchen in die Schnittfläche. Schneide nun mit einem Messer um die Form herum, sodass das Motiv herausragt. Lass dir dabei am besten von einem Erwachsenen helfen. Nimm die Ausstechform wieder ab und trockne die Schnittflächen mit Küchenpapier.

Bestreiche die Aufdruckfläche gleichmäßig mit Farbe. Mache zuerst einen Probedruck auf einem Stück Papier. Wenn du damit zufrieden bist, bedrucke die Becher, Tellerränder und Servietten.

Willst du die Farbe zwischendurch wechseln, dann reinige den Stempel mit dem Stofflappen. Trage dann die neue Farbe auf.

Lass die Farben gut trocknen, bevor du den Tisch deckst. Dann kann die Party losgehen!

leicht

Material

Bunter Tonkarton
Bleistift
Alleskleber
Konfetti

Party-Kopfband

Und so gehts:
Schneide von dem Tonkarton einen fünf Zentimeter breiten Streifen ab. Er muss so lang sein, dass er um deinen Kopf herumpasst. Lass ein Stück überstehen, damit du den Ring später zusammenkleben kannst.

Bestreiche den Streifen mit Klebstoff und streue Konfetti darauf. Lass alles gut trocknen.

Für das Geburtstagskind oder den Gastgeber schneidest du aus Tonpapier noch eine Krone aus und klebst sie vorn auf eines der Bänder.

Klebe nun alle Streifen überlappend zu Ringen zusammen. Lass den Klebstoff trocknen, bevor du das Kopfband aufsetzt.

Vorlagen

Papierente (Seite 6)

3-D-Blume (Seite 8)

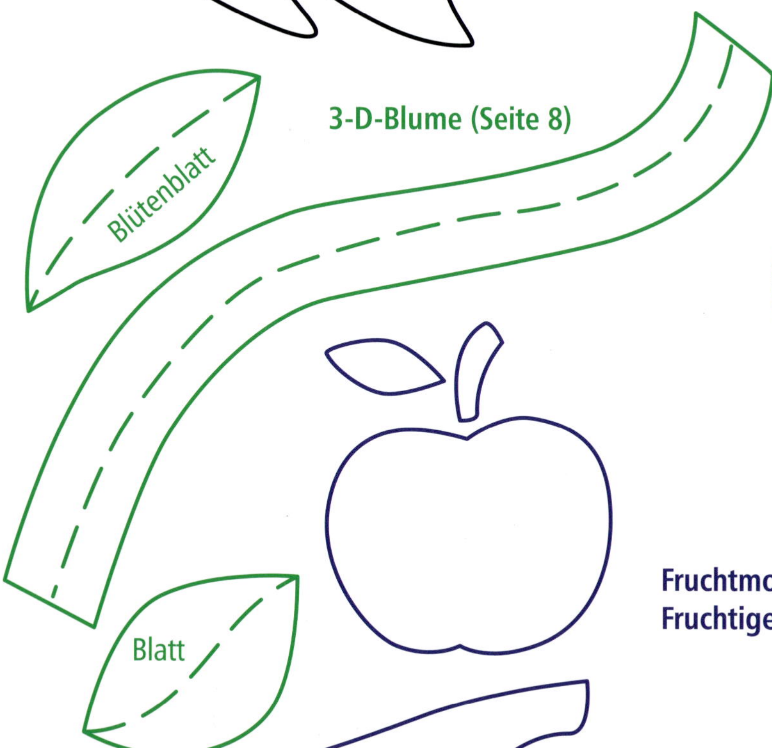

Fruchtmobile (Seite 9)
Fruchtige Glasaufstecker (Seite 129)

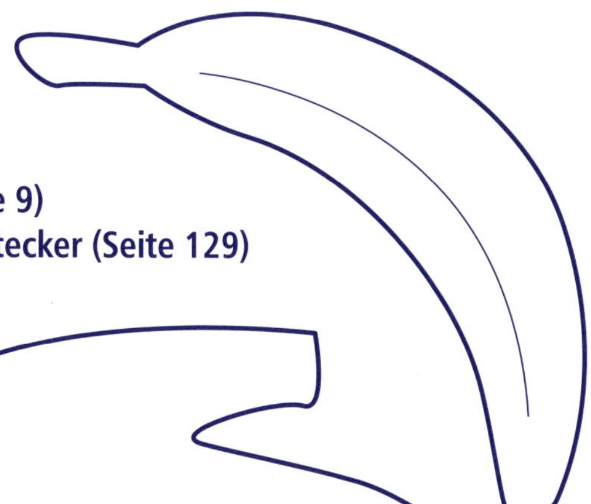

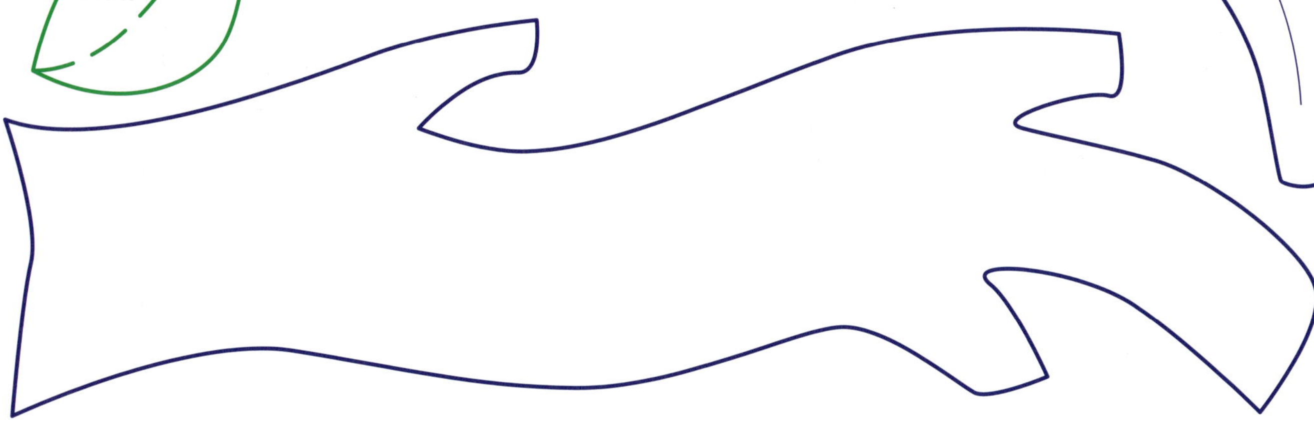

Bunte Fensterkette (Seite 10)

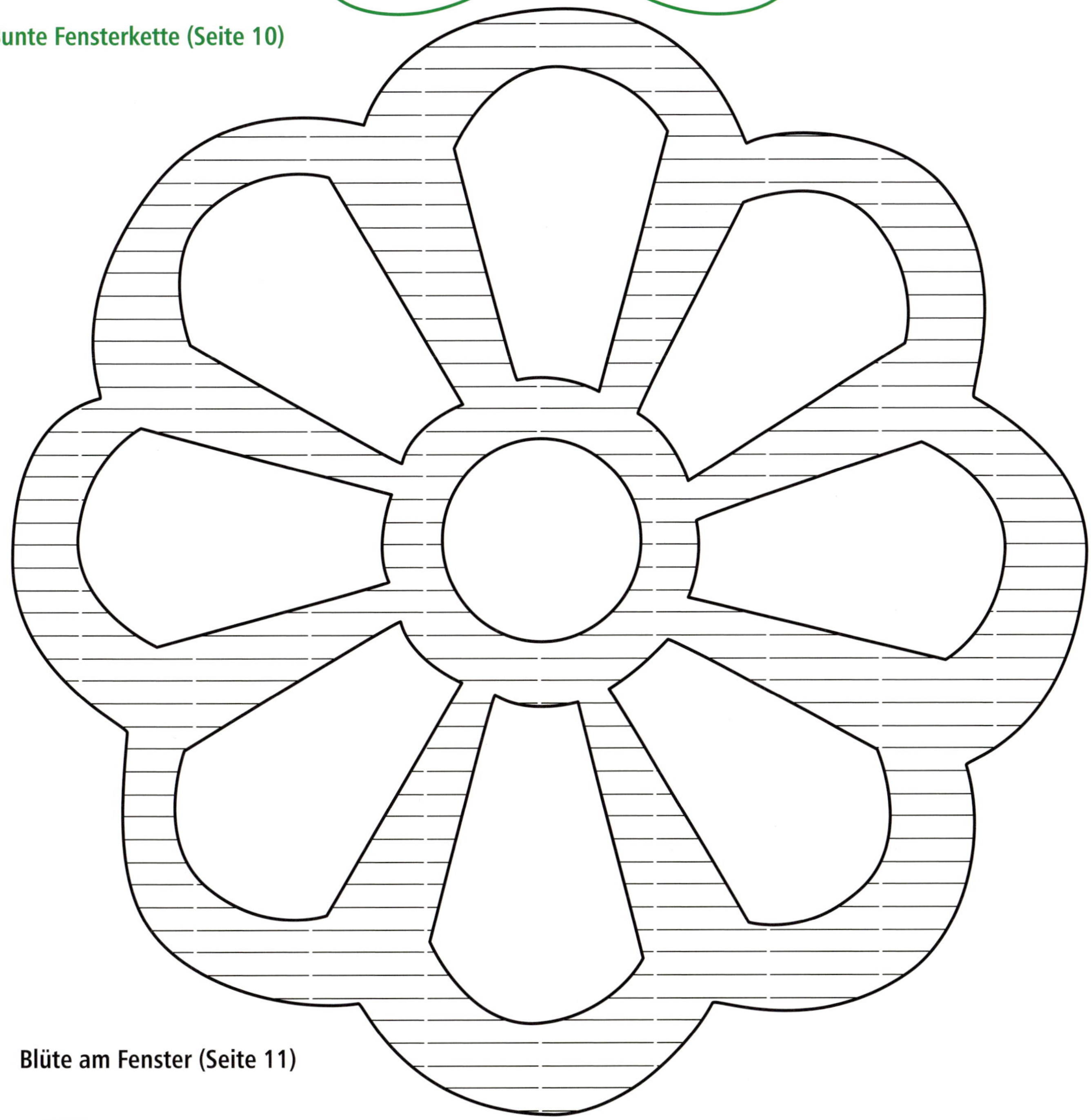

Blüte am Fenster (Seite 11)

Schneckenspiel (Seite 12)

Strumpfdrache (Seite 44)

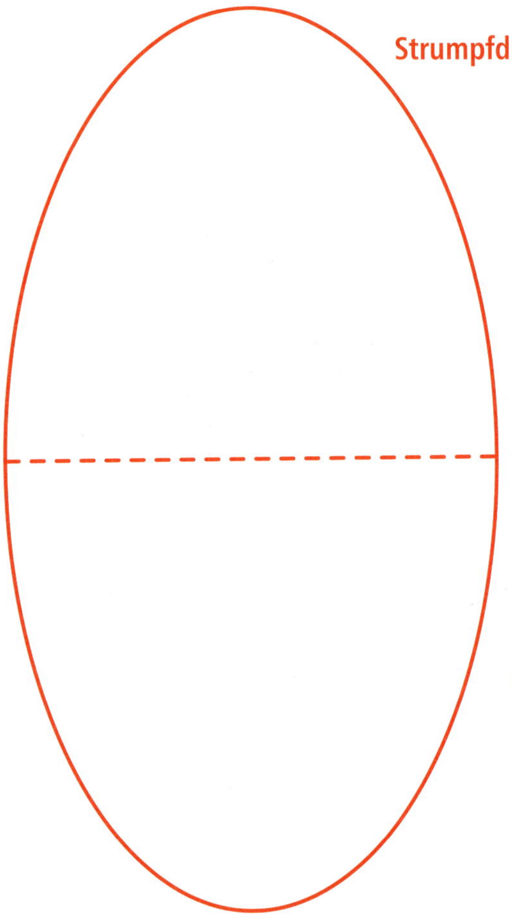

Tierische Lesezeichen (Seite 15)

Aquarium (Seite 16)

Hampelfrosch (Seite 50)

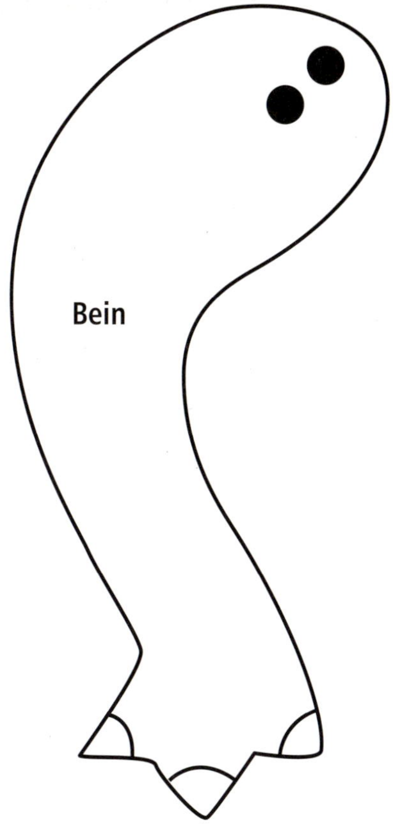

Weihnachtskarte mit Tannen (Seite 77)

Igel aus Kürbiskernen (Seite 61)

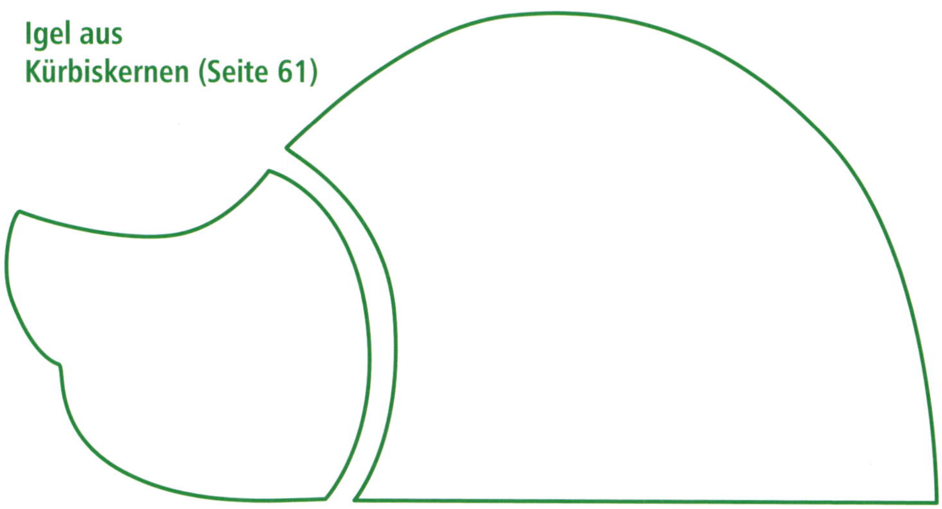

Wolliges Osterlamm (Seite 90)

Eierwärmer aus Filz (Seite 98)

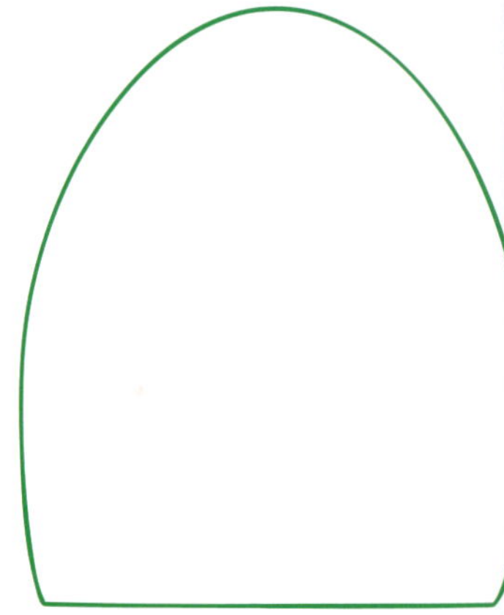

Gruselige Fensterkette (Seite 102)
Kürbisuntersetzer (Seite 106)
Kürbis zum Aufhängen (Seite 108)
Halloweenmagnete (Seite 112)
Einladung zur Halloweenparty (Seite 113)

Osteranhänger aus Filz (Seite 95)
Bunter Osterkorb (Seite 100)

Vampirmaske (Seite 107)

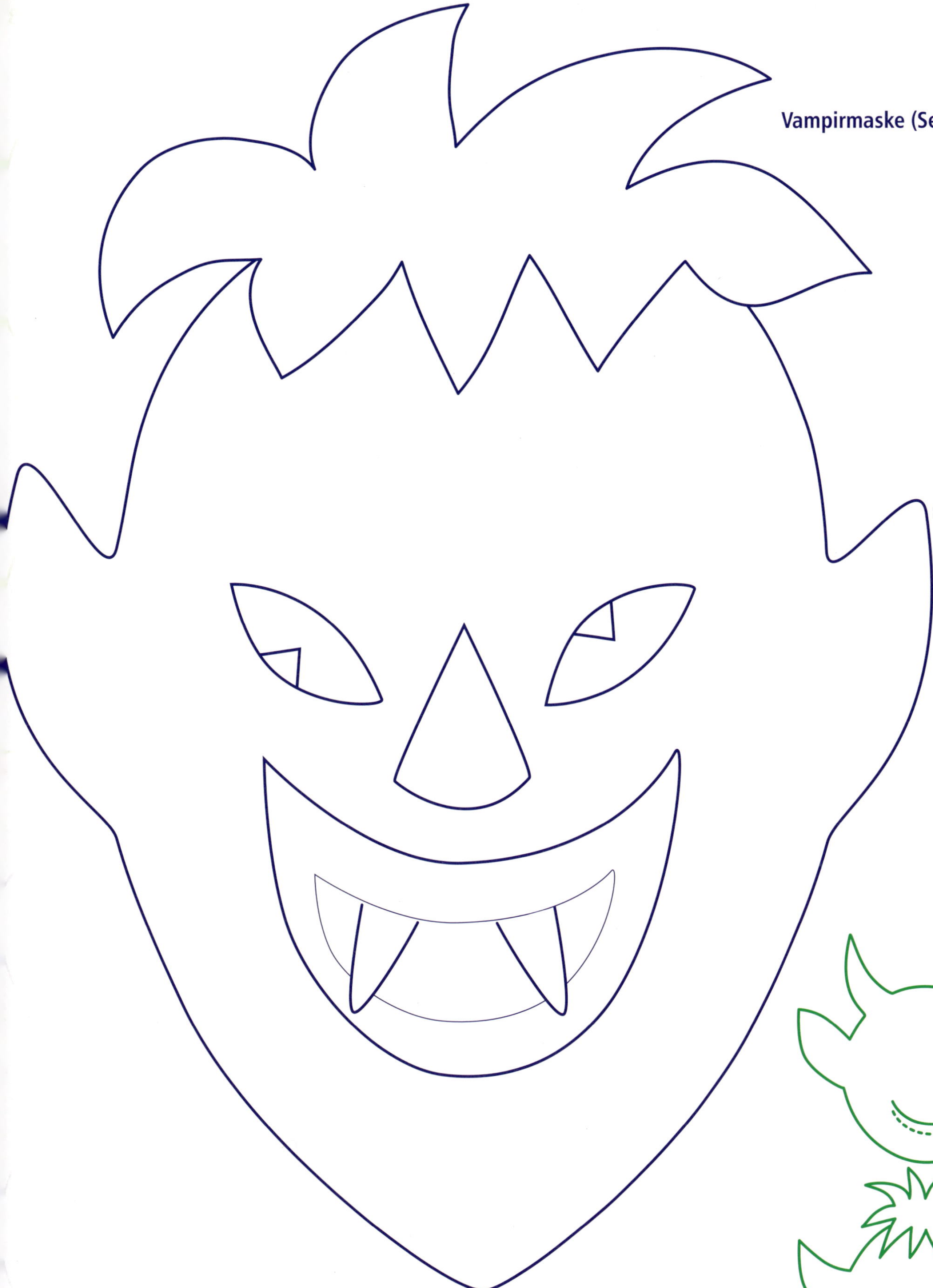

Schaurige Trinkhalme (Seite 104)

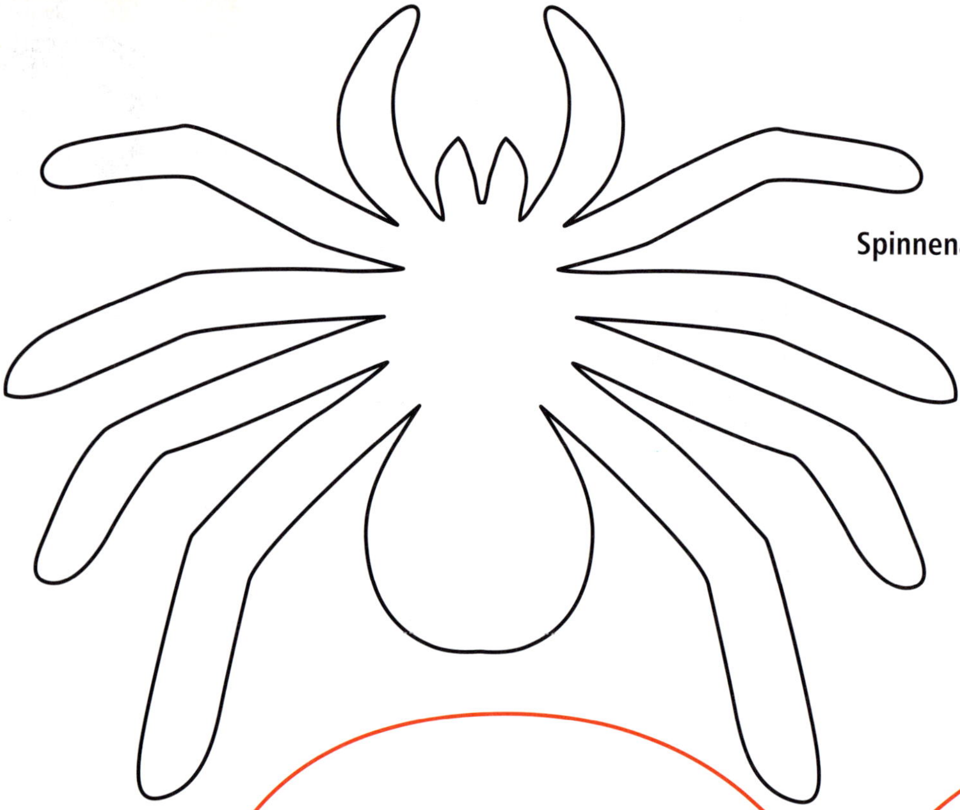

Spinnenalarm (Seite 111)

Herzkarte (Seite 118)
Moosherz (Seite 122)

Register